本书由
中央高校建设世界一流大学（学科）
和特色发展引导专项资金
资助

中南财经政法大学“双一流”建设文库

区 | 域 | 发 | 展 | 系 | 列 |

新型城镇化背景下扩大农民工消费的机制与政策研究

庄佳强 著

中国财经出版传媒集团
中国财政经济出版社

图书在版编目（CIP）数据

新型城镇化背景下扩大农民工消费的机制与政策研究／庄佳强著．—北京：中国财政经济出版社，2019.12
（中南财经政法大学“双一流”建设文库．区域发展系列）
ISBN 978-7-5095-9380-6

Ⅰ.①新… Ⅱ.①庄… Ⅲ.①民工-消费-研究-中国 Ⅳ.①F126.1

中国版本图书馆 CIP 数据核字（2019）第 246439 号

责任编辑：李玲兰　　　　责任校对：张　凡
封面设计：陈宇琰

新型城镇化背景下扩大农民工消费的机制与政策研究
XINXING CHENGZHENHUA BEIJINGXIA KUODA NONGMINGONG XIAOFEI DE JIZHI YU ZHENGCE YANJIU

中国财政经济出版社 出版

URL：http：//www.cfeph.cn
E-mail：cfeph@cfemg.cn

社址：北京市海淀区阜成路甲 28 号　邮政编码：100142
营销中心电话：010-88191537
北京财经印刷厂印装　各地新华书店经销
787×1092 毫米　16 开　11.5 印张　183 000 字
2019 年 12 月第 1 版　2019 年 12 月北京第 1 次印刷
定价：52.00 元
ISBN 978-7-5095-9380-6
（图书出现印装问题，本社负责调换）
本社质量投诉电话：010-88190744
打击盗版举报热线：010-88191661　QQ：2242791300

总 序

“中南财经政法大学‘双一流’建设文库”是中南财经政法大学组织出版的系列学术丛书，是学校“双一流”建设的特色项目和重要学术成果的展现。

中南财经政法大学源起于1948年以邓小平为第一书记的中共中央中原局在挺进中原、解放全中国的革命烽烟中创建的中原大学。1953年，以中原大学财经学院、政法学院为基础，荟萃中南地区多所高等院校的财经、政法系科与学术精英，成立中南财经学院和中南政法学院。之后学校历经湖北大学、湖北财经专科学校、湖北财经学院、复建中南政法学院、中南财经大学的发展时期。2000年5月26日，同根同源的中南财经大学与中南政法学院合并组建“中南财经政法大学”，成为一所财经、政法“强强联合”的人文社科类高校。2005年，学校入选国家“211工程”重点建设高校；2011年，学校入选国家“985工程优势学科创新平台”项目重点建设高校；2017年，学校入选世界一流大学和一流学科（简称“双一流”）建设高校。70年来，中南财经政法大学与新中国同呼吸、共命运，奋勇投身于中华民族从自强独立走向民主富强的复兴征程，参与缔造了新中国高等财经、政法教育从创立到繁荣的学科历史。

“板凳要坐十年冷，文章不写一句空”，作为一所传承红色基因的人文社科大学，中南财经政法大学将范文澜和潘梓年等前贤们坚守的马克思主义革命学风和严谨务实的学术品格内化为学术文化基因。学校继承优良学术传统，深入推进师德师风建设，改革完善人才引育机制，营造风清气正的学术氛围，为人才辈出提供良好的学术环境。入选“双一流”建设高校，是党和国家对学校70年办学历史、办学成就和办学特色的充分认可。“中南大”人不忘初心，牢记使命，以立德树人为根本，以“中国特色、世界一流”为核心，坚持内涵发展，“双一流”建设取得显著进步：学科体系不断健全，人才体系初步成型，师资队伍不断壮大，研究水平和创新能力不断提高，现代大学治理体系不断完善，国际交流合作优化升级，综合实力和核心竞争力显著提升，为在2048年建校百年时，实现主干学科跻身世界一流学科行列的发展愿景打下了坚实根基。

“当代中国正经历着我国历史上最为广泛而深刻的社会变革，也正在进行着人类历史上最为宏大而独特的实践创新”，“这是一个需要理论而且一定能够产生理论的时代，这是一个需要思想而且一定能够产生思想的时代”①。坚持和发展中国特色社会主义，统筹推进“五位一体”总体布局和协调推进“四个全面”战略布局，实现“两个一百年”奋斗目标、实现中华民族伟大复兴的中国梦，需要构建中国特色哲学社会科学体系。市场经济就是法治经济，法学和经济学是哲学社会科学的重要支撑学科，是新时代构建中国特色哲学社会科学体系的着力点、着重点。法学与经济学交叉融合成为哲学社会科学创新发展的重要动力，也为塑造中国学术自主性提供了重大机遇。学校坚持财经政法融通的办学定位和学科学术发展战略，“双一流”建设以来，以“法与经济学科群”为引领，以构建中国特色法学和经济学学科、学术、话语体系为己任，立足新时代中国特色社会主义伟大实践，发掘中国传统经济思想、法律文化智慧，提炼中国经济发展与法治实践经验，推动马克思主义法学和经济学中国化、现代化、国际化，产出了一批高质量的研究成果，“中南财经政法大学‘双一流’建设文库”即为其中部分学术成果的展现。

文库首批遴选、出版二百余册专著，以区域发展、长江经济带、“一带一路”、创新治理、中国经济发展、贸易冲突、全球治理、数字经济、文化传承、生态文明等十个主题系列呈现，通过问题导向、概念共享，探寻中华文明生生不息的内在复杂性与合理性，阐释新时代中国经济、法治成就与自信，展望人类命运共同体构建过程中所呈现的新生态体系，为解决全球经济、法治问题提供创新性思路和方案，进一步促进财经政法融合发展、范式更新。本文库的著者有德高望重的学科开拓者、奠基人，有风华正茂的学术带头人和领军人物，亦有崭露头角的青年一代，老中青学者秉持家国情怀，述学立论、建言献策，彰显“中南大”经世济民的学术底蕴和薪火相传的人才体系。放眼未来、走向世界，我们以习近平新时代中国特色社会主义思想为指导，砥砺前行，凝心聚

① 习近平：《在哲学社会科学工作座谈会上的讲话》，2016年5月17日。

力推进“双一流”加快建设、特色建设、高质量建设，开创“中南学派”，以中国理论、中国实践引领法学和经济学研究的国际前沿，为世界经济发展、法治建设做出卓越贡献。为此，我们将积极回应社会发展出现的新问题、新趋势，不断推出新的主题系列，以增强文库的开放性和丰富性。

“中南财经政法大学‘双一流’建设文库”的出版工作是一个系统工程，它的推进得到相关学院和出版单位的鼎力支持，学者们精益求精、数易其稿，付出极大辛劳。在此，我们向所有作者以及参与编纂工作的同志们致以诚挚的谢意！

因时间所囿，不妥之处还恳请广大读者和同行包涵、指正！

中南财经政法大学校长 [signature]

前　言

城镇化作为我国扩大内需的巨大引擎、转变经济发展方式的突破口和着力点，对于促进经济社会平衡协调持续发展具有重要意义。自2000年以来，我国城镇化的快速推进与居民消费率的下降是同时发生的，而农民工是两者的关键联结。一方面，农民工是我国城镇化快速发展的重要推动力，作为直接参与城镇化的重要主体，他们具有巨大的消费潜力。另一方面，作为我国消费群体的“第三极”，农民工较低的消费水平和偏重“食”的消费结构，使得之前的城镇化过程未能有效提升该群体的消费能力，成为阻滞居民消费率上升的重要影响因素。

当前，以农民工市民化为主的新型城镇化之路已成为解决上述问题的重要途径和政策共识。本书基于文献分析和统计数据的整理，对20世纪80年代以来的农民工流动特征，收入变化以及90年代以来农民工的消费水平和结构的演变，不同类型农民工消费特征、农民工与城乡居民消费水平和消费结构比较等方面进行深入调查分析，在此基础上实证探究新型城镇化过程中收入差异对消费结构和消费偏好的影响，从理论上阐述了收入不平等对于消费结构变化的影响机理，阐述了农民工消费结构升级的路径，进而采用可计算一般均衡模型（CGE模型）对增加农民工消费政策的实施效果进行量化分析。

本书按照现状分析——理论建模——政策模拟的逻辑，分为三个部分展开分析。

本书第一部分，依托早期的个体调查和2008年开始国家统计局对农民工的监测调查，对20世纪80年代以来农民工的流动趋势，人群特征和收入变化等方面进行了梳理和探讨，并对90年代以来的农民工消费行为提供了一个整体性的概览。

本书认为农民工的迁移行为与农民工的流动规模是与我国城镇化的发展相伴随的。结合城镇化的发展态势，本书将农民工的流动划分为四个阶段，在此基础上，通过对新型城镇化建设时期，农民工人口结构和社会特征的分析，证实了农民工的平均年龄在趋于上升，受教育水平也在提高，尤其是外出农民工中大专及以上受教育水平的比例在上升，而本地农民工中小学文化程度的占比则出现增加。

各地区农民工中留在本区域内的农民工和外出农民工人数的变动趋势基本一致。外出农民工的省内转移趋势更为明显，跨省流动的农民工仍以流向东部地区为主。东部地区仍是农民工就业的首选区域，长三角、珠三角和京津冀地区是东部农民工务工集中地，而大城市和发达城市是外出农民工的主要务工目的地。

农民工的收入增速变动与农民工在不同流动阶段的特征较为相似，分别经历了1995年之前的较快增长阶段，1995—2002年的缓慢增长阶段，2002—2008年的增速回升阶段和2008年开始的快速增长阶段。而其与城镇职工工资水平之间则经历了U形变动关系，从略高于城镇职工工资到仅为其收入水平的一半，此后逐步提升至其2/3的水平。

本研究综合了1997年以来我国关于农民工消费问题研究的主要实证调研资料，从中整理出了农民工消费水平的变化情况以及农民工的食品、住房、教育、汇款等支出类别的特征，并对举家迁移农民工与单独外出农民工、新生代农民工与第一代农民工等不同类型农民工的消费行为进行了比较分析。

本书的研究证实，在2010年之前，农民工的消费水平呈现出稳定增长的态势，此后增幅趋缓且波动较大。农民工收入水平提高的同时，其城市融入感在增强。但农民工的消费倾向偏低，消费结构具有很强的二元性。其消费观念兼具了城市居民和农村居民的特征。从消费结构来看，虽然农民工的食品消费支出的内部构成可能在发生调整，但其恩格尔系数长期居高不下。对农民工而言，居住消费支出仅仅是生活必需品，将自己视为城市过客的心理态度，导致农民工在居住支出和耐用消费品上选择低消费。对子女的教育支出，是农民工最为重要的发展型消费支出，而为当期和未来子女教育支出的储蓄也使得农民工在城市的消费支出呈现出倒U形特征。

第二部分从实证和理论两个方面对收入不平等影响居民消费水平和消费结构的机制进行了考察，通过对农民工与城镇、农村居民消费结构的跨时比较，证实了农民工群体作为农村的高收入组和城镇的中低收入组，在其消费结构上与上述两组群体的差异。农民工作为城镇居民与农村居民消费的中间一环，起到了模仿城镇居民消费，引领农村居民消费的作用。

基于这一事实，本书对我国居民消费结构及其变动进行了实证分析，证实农民工的消费结构具有较为明显的城镇偏向性；采用熵指标分析了居民间收入差距对消费多样性的影响，证实两者之间存在显著的正相关性。基于一个一般化的直接效用函数，本书对城乡居民消费偏好特征进行了实证检验，证实在城镇居民中，存在着随着收入水平上升而出现的消费偏好变化特征。这一结论隐含着，随着农民工收入水平的上升和市民化程度的逐步提高，其消费行为也会发生相应的偏好转变，从而对其自身的消费结构以及整个社会消费升级产生积极影响。基本公共服务均等化的不断深化以及社会保障体系有关的制度改革能更好地激发农民工的消费意愿。

在实证分析的基础上，本书基于收入不平等模型，在一个需求驱动结构变迁的理论框架下，探讨了新型城镇化背景下，农民工收入水平的提高和收入不平等的变动会如何对整个经济体的消费结构产生影响。本书的模型设定，由非齐次偏好设定所构建的恩格尔法则是导致经济在发展过程中发生产业结构和消费结构变迁的主要驱动力，而推动这种结构变迁的机制是生产力改进和产品需求规模扩大之间双向因果关系的结果，主要表现在适度的收入差距有利于新产品的引进，从而通过消费者的示范效应和生产率的改进推动新产品行业生产规模的扩大，这种生产率和市场规模之间的良性循环也带来了各类劳动力收入水平的提高，逐步改善各类劳动者的收入不平等程度。

全书第三部分为新型城镇化下扩大农民工消费的定量分析，对基于农民工就业的可计算一般均衡的设定进行了说明，通过在生产部门中区分了农业劳动力、城镇劳动力和农民工三类劳动，构建了适合于分析农民工就业和消费行为的可计算一般均衡模型，构建了2010年的我国社会核算矩阵表作为模型评估的基础数据，结合本书的研究重点，探讨了劳动账户细化的方法和细化的结果。在此基础上，本书定量估计了户籍人口城镇化率推进对扩大农民工和居民消费的影响，模拟了不同条件下推进基本公共服务均等化所需的成本。

本书研究成果受教育部人文社会科学研究青年基金项目（13YJC790228）的资助。

目　录

第1章　导　　论

1.1　研究背景与研究述评

城镇化作为我国扩大内需的巨大引擎、转变经济发展方式的突破口和着力点，对于促进经济社会平衡协调持续发展具有重要意义。自2000年以来，我国城镇化的快速推进与居民消费率的下降是同时发生的，而农民工是两者的关键联结。一方面，农民工是我国城镇化快速发展的重要推动力，2017年农民工总规模达到了28652万人。其收入水平在近年来经历了较快的增长，2017年农民工月平均工资为3485元，占到城镇就业人员平均工资的80%。作为直接参与城镇化的重要主体，农民工具有巨大的消费潜力。另一方面，作为我国消费群体的“第三极”，农民工较低的消费水平和以食为主的消费结构，使得之前的城镇化过程未能有效提升该群体的消费能力。2015年农民工的月消费支出仅为1012元，不到自身收入水平的40%，远低于同期城镇居民的1783元的月均消费支出水平，成为阻滞居民消费率上升的重要影响因素。

当前，以农民工市民化为主的新型城镇化之路已成为解决上述问题的重要途径和政策共识。但是新型城镇化道路对扩大农民工消费的作用机制如何，不同类型（本地与外地、举家和单独、老一代与新生代）农民工消费行为有何差异，提高其消费的实施路径和政策支持如何作出。对这些问题的探讨和研究，不仅关乎农民工个人和群体的利益，而且也将影响我国新型城镇化进程的持续推进和居民消费率的提高。因此，深入研究新型城镇化扩大农民工消费的机制，刺激其消费需求是一个具有重要现实意义和丰富政策蕴含的命题。

由于对农民工消费现状的分析缺乏系统性的统计数据，学者多采用问卷调查的方式进行。研究认为农民工消费水平与消费质量较低；受收入水平影响，其边际消费倾向也远低于城市居民；消费结构偏“衣、食、用”，消费不足主要体现在“住、行、学”三个方面（钱雪飞，2003；王曼，2005；李晓峰，2008；蔡昉，2011）。

对农民工消费不足的成因分析，当前研究大致沿着三条路径展开：

一是从制度视角考察农民工消费行为与社会结构性制度安排之间的内在关联，以此探讨农民工消费不足的制度障碍及其制度改革（李强，2002；刘平林等，2005）。学界将这类体制性障碍归结为（1）户籍制度。这一制度不仅导致城乡分割的二元结构，也产生城市内部社会分割的新二元结构，进而严重制约农民工的边际消费倾向，导致其消费行为的异质性（刘传江，2008；Chen 等，2012）。近年来各地的户籍制度改革在一定程度上改善了农民工进城的条件，但这种具有差别性待遇和集体排斥特性的户籍制度从根本上阻碍了农民工向市民角色的转换，降低了其对“住、行、学”的消费意愿（吴海峰，2009；李培林，2010；李俊，2011；蔡昉，2011）。（2）就业及劳动权益保护制度。就业机会不平等、企业用工不规范导致的劳动就业权歧视和劳动报酬权歧视使农民工工资性收入较低。而农民工低收入水平与城市高消费之间的矛盾严重制约其消费水平。职业不稳定使农民工面临更强的信贷约束，进一步减弱其消费意愿（简新华，2009；王国刚，2010；陈斌开，2010；卢峰，2012）。（3）社会保障制度。户籍制度以及土地制度的阻隔、农民工的高流动性和社会保障的地方“分权模式”导致农民工社会救助机制的缺失，由此产生的农民工收入的减少和预防性动机的增强进一步制约其消费能力（郑功成，2002；刘志军等，2010；邵勐，2011；杜毅等，2011）。

二是从消费意愿（心理—行为理论）出发，探讨农民工消费行为所展现出来的社会心理结构与行为特征对消费不足的影响。这类特征包括农民工的消费意愿、从众意愿，对城市消费的模仿意愿以及对农村消费的示范效应等（梅建明 2006，2012；周建等，2009）。农民工的习惯形成因素会降低其边际消费倾向，对城市居民消费的模仿和攀比性效应带来的农民工消费心理的转换速度快于消费基础的提高速度，使其消费结构出现重“用”轻“学”的现象（严翅君，2007；杭斌，2009）。

三是以农民工群体中的个体异质性为视角，通过对农民工群体的划分，来探讨不同类型农民工的消费差异性，如以代际划分来探讨两代农民工消费行为的差异性，并对“新生代”农民工的消费行为给予密切关注，分析新生代农民工消费结构的二元性问题（刘传江，2007；黄祖辉，2008）。近来研究开始关注以户籍划分的本地和外地农民工的人力资本差异及对其消费的影响，认识到兼职农民工和全职农民工的消费差异需要进一步关注（胡秋阳，2012；谢桂华，2012）。

关于城镇化影响农民工消费的研究。作为经济增长的结果，国外关于城市化影响移民消费的探讨主要是在人口迁移和经济发展的视角下展开的，认为城市化过程中收入差距的缩小可以提高低收入者的消费需求；城市化助推服务业发展和改善居民消费结构；通过对移民人力资本的影响提高其收入水平，变潜在消费需求为现实需求（Todaro，1969；Chenery，1981；Lucas，2004）。而基于消费习惯的视角，研究认为城镇化会产生消费的“示范性”特征，引导移民追求原住民的消费习惯，进而影响到预防性动机和攀比性消费等行为（Dusenbery，1949；Carroll，2000）。这类研究将城市化下的移民过程视为是农民市民化的过程，其实质是探讨农民消费向市民消费的趋同。

受户籍制度和土地制度的制约，我国的城镇化过程是从农民到农民工进而市民化的二次转移过程，经典理论不能很好地适用于对中国城镇化过程中的农民工消费行为的分析（刘传江，2008）。农民工所处的“半城市化”状态减少了其工资性和财产性收入、提高了其预防性储蓄动机，增加了其所面临的消费不确定性，使得农民工的消费行为与市民、农民存在较大差异（王春光，2006；国家统计局课题组，2007；国务院发展研究中心课题组，2010；黄亚生，2011）。

在扩大消费需求的新型城镇化道路建设方面，研究认为农民工市民化有助于在大规模提高农民工群体收入水平的同时也大幅增加其消费支出；我国的新型城镇化道路应引导出现个性化、标准化、高端化等多样的消费结构，推动消费水平的升级、需求层次的分化和需求结构的转变；结合农民工市民化的社会成本，探讨相应的财政补偿机制（Chun，2010；王国刚，2010；国务院发展研究中心课题组，2010；张国胜，2011）。

当前研究从农民工的消费水平和消费结构两方面深入考察了农民工的消费状况，分析了两代农民工消费行为的差异，并从农民工消费环境、消费意愿和消费能力及其制度约束等方面探讨了其消费不足的成因，认识到了城镇化与扩大农民工消费之间的良性互动关系。这些研究都从某一侧面很好地解释了农民工消费不足这一现象。但是当前研究对于伴随着城镇化过程的农民工迁移及其收入，消费水平和结构变动的整体性分析，不同类型农民工的消费水平和结构差异等问题分析较少，对推进农民工市民化的新型城镇化道路可能释放的需求潜力及其对农民工消费的影响机制探讨不足，对扩大农民工消费的政策支持措施的定量分析相对欠缺。

本书基于文献分析和统计数据的整理，对20世纪80年代以来的农民工流动特征，收入变化以及90年代以来农民工的消费水平和结构的演变，不同类型农民工消费特征、农民工与城乡居民消费水平和消费结构比较等方面，进行深入调查分析，在此基础上探究新型城镇化过程中收入差异影响其消费结构和消费偏好机制；在实证检验的基础上，从理论上阐述了收入不平等对于消费结构变化的影响机理，阐述了促进农民工消费结构升级的路径，进而采用可计算一般均衡模型（CGE模型）对增加农民工消费的两类政策支持路径的实施效果进行量化分析，为政策实施提供定量支持。

1.2 研究框架与研究内容

本书按照现状分析——理论建模——政策模拟的逻辑，分为三个部分展开分析。基本研究内容如下：

第1章为导论，对本研究的研究背景、研究意义、研究框架、研究内容和基本结论进行了论述。

第2章为农民工收入变动的现状分析。本研究依托早期的个体调查和2008年后的国家统计局农民工监测报告，对20世纪80年代以来农民工的流动趋势，人群特征和收入变化等方面进行了梳理和探讨，为进一步分析农民工的消费行为提供一个整体性的概览。

第2章研究证实了农民工的迁移行为与农民工的流动规模是与我国城镇化的发展相伴随的。结合城镇化的发展态势，本章将农民工的流动划分为四个阶段，分别是1980年初至1995年我国城镇化初期的农民工早期流动阶段；1996—2001年城镇化加快推进下的农民工缓慢增长阶段；2002—2008年城镇化快速发展下的农民工逐步半市民化阶段以及2008年以来在新型城镇化建设下的农民工转移阶段。

在此基础上，本章通过对新型城镇化建设时期农民工人口结构和社会特征的分析，证实了农民工的平均年龄趋于上升，与全国就业人口的平均年龄上升是一致的。而随着农村居民受教育水平的提升，农村居民第一次进入农民工行列的年龄在增加。而随着全社会人口老龄化的蔓延，老龄农民工退出农民工行列的年龄也在后延。与全国平均受教育水平趋于上升相似，农民工群体的受教育水平也在提高。这主要源于新增农民工的受教育水平高于退出农民工行列的老龄农民工。分类型来看，农民工群体的受教育程度要高于乡村平均受教育水平，但是低于城镇人口的平均受教育水平。外出农民工中大专及以上受教育水平的比例在上升，而本地农民工中小学文化程度的占比则增加了。

分区域来看，东部地区输出的农民工最多，但增速在减缓。同时东部地区也是农民工就业的首选区域，输入的农民工数量最多，但是近年来占比略有下降。而中部地区的外出农民工数量和比重均出现上升。分类型来看，东、中、西部地区农民工中留在本区域内的农民工和外出农民工人数的变动趋势基本一致。外出农民工的省内转移趋势更为明显，跨省流动的农民工仍以流向东部地区为主。

从农民工的流动地点来看，长三角、珠三角和京津冀地区是东部农民工务工集中地，而大城市和发达城市是外出农民工的主要务工目的地。直辖市平均吸纳的外出农民工最多，而省内乡外农民工的流动目的地主要为县级市和建制镇。

农民工的就业仍以技能要求较低和劳动强度较高的制造业、建筑业和生活服务业为主，在第二、三产业的就业比重大致相等，但是建筑业和批发零售业的就业比例在近年来上升较快。从区域就业来观察，从东向西，第三产业的就业比重逐步增加。东部地区从业的农民工以第二产业就业为主，中部地区两类产业从业比重大体相同，西部地区则以第三产业为多。

对农民工工资收入变动的分析，可以证实其收入增速的变动与农民工在不同阶段的流动速度具有相似性，分别经历了1995年之前的较快增长阶段，1995—2002年的缓慢增长阶段，2002—2008年的增速回升阶段和2008年开始的快速增长阶段。而其与城镇职工工资水平之间则经历了U形变动关系，从略高于城镇职工工资到仅为其收入水平的一半，再到逐步提升到其2/3的水平。

分行业来看，交通运输业的农民工工资收入较高，而批发零售、住宿餐饮等生活服务业的从业农民工工资水平较低。与城镇从业人员平均工资相比，农民工的工资水平在各行业中仍然处于中等偏下的水平，进一步证实了其在行业内部从事的是较低职位和较低技能水平的工作，并且这种相对较低的收入水平不因农民工的性别、学历和所从事的职业而改变。

第 3 章为农民工消费水平及结构分析。本研究综合了 1997 年以来我国关于农民工消费问题研究的主要实证调研资料，从中整理了农民工消费水平的变化情况以及农民工的食品、住房、教育、汇款等支出类别的特征，并对举家迁移农民工与单独外出农民工、新生代农民工与第一代农民工等不同类型农民工的消费行为进行比较分析，进而探讨影响农民工消费水平的收入、社会服务提供等因素。

本章的研究证实，1998 年以来我国农民工消费支出上升较快，在 2011 年之前，农民工的消费水平呈现出稳定增长的态势，此后增幅趋缓且波动较大。这一消费支出的变化不仅反映了农民工收入水平的提高，也在一定程度上表明农民工的城市融入感在增强。相应的，受基本消费刚性支出和农民工收入增速较低的影响，在 2010 年之前，农民工的平均消费倾向随着收入的增加而上升。而在 2010 年之后，农民工的平均消费倾向出现递减趋势，表明在满足基本消费刚性支出之后，农民工的整体消费模式并未发生太大的变化。其消费特征典型的表现在两个方面：一是消费倾向偏低，储蓄意识强。二是消费主要依赖当期收入，几乎没有跨期消费选择。

农民工的消费结构同样具有很强的二元性，其消费观念兼具了城市居民和农村居民的特征。作为维持生存所必需的基本支出，食品消费在农民工各项消费支出中的占比是最高的，农民工的恩格尔系数长期居高不下。但这种食品消费支出的内部构成可能在发生调整，从早期维持型向更高营养和更高品质的食品消费转移。

对农民工而言，居住消费支出仅仅是生活必需品，租赁和单位提供是其主要的居住模式。面积小、居住环境简陋反映出农民工将自己视为城市过客的心理态度，进而影响到农民工在耐用消费品上的低消费支出。

农民工的教育支出主要体现为对子女的教育支出，这是农民工最为重要的发展型消费支出，而为当期和未来子女教育支出的储蓄也使得农民工在城市的消费支出呈现出倒 U 形特征。农民工的文娱支出相对单调，第一代农民工和新生代农民工的主要娱乐方式分别为看电视和刷手机。而汇款回乡是农民工与其农村家庭联系的最重要经济活动，也使得农民工在老家的留守人员的消费水平处于农村居民中高收入户及以上的水平。

从农民工构成来看，其消费异质性也较为明显。一方面，大多数农民工消费简朴、低档，生活单调，需求单一，消费方式单调而同质；另一方面，部分农民工消费水平较高，消费方式也颇为入时。举家迁移农民工占比上升，农民工的家庭总体消费水平和消费结构更趋同于具有相同收入水平的城镇家庭的消费方式。新生代农民工成为农民工主体，他们的消费行为复杂化、消费结构多元化、消费观点前卫化和消费工具现代化的四化特征使得其消费行为更趋向于城镇居民。不同年龄段的农民工消费支出也呈现出倒U形的特点。随着年龄的增加，农民工的消费支出增加，在35岁时达到峰值，随后伴随年龄的增加消费逐渐减少。此外，农民工群体因个体家庭背景、学历技能、岗位性质、进城务工年限等方面的差异，其消费行为也日益分化。

第4章为农民工与城乡居民消费模式的比较。通过第三章对农民工消费水平和结构的总结，本章利用统计数据，对不同年份间农民工与城市、农村居民的消费结构进行比较，更深入地刻画出，农民工群体作为农村的高收入组和城镇的中低收入组，在其消费结构上与上述两组群体的差异，为下文构建农民工消费结构偏好和社会消费结构演变模型提供事实依据。

本章的研究发现，农民工作为城镇与农村居民消费的中间一环，起到了模仿城镇居民消费，引领农村居民消费的作用。从农民工与城乡居民的消费水平比较来看，农民工的收入水平已经逐渐接近城镇居民的平均可支配收入水平，是农村居民人均纯收入的两倍以上。但是，农民工平均消费倾向是三类居民组中最低的。农民工的消费水平仅略高于农村居民的平均消费支出水平，与两者间的收入差距情况并不匹配。而和城镇居民的消费相比，农民工的消费水平仅仅为城镇居民平均消费支出的一半左右，但从趋势上看，农民工的消费支出的增速快于城镇居民，因此与城镇居民间的消费差异在缩窄。

在对三类居民的消费结构进行描述性定量分析的基础上，本章基于1981年以来的城乡消费数据，对我国居民消费结构及其变动进行了实证分析。研究证实农村居民和城镇居民在住房、医疗、文娱上存在明显差异，城镇居民消费更多的奢侈品，而农村居民的消费更多的集中在必需品上。这一计量分析结果与我们关于居民消费结构变化的描述性分析结果是一致的。这也证实了农民工的消费结构则具有较为明显的城镇偏向性。

在此基础上，本章使用衡量消费多样性的熵指标分析居民收入差距对居民消费结构的影响，证实两者之间存在显著的正相关性；因果性分析也显示居民收入差距拉大是导致其消费水平和消费结构存在差异的主要原因。而基于一个一般化的直接效用函数，本章实证对城乡居民消费偏好特征进行了检验，证实在城镇居民中，存在着随着收入水平上升而出现的消费偏好变化特征。这一结论隐含着，随着农民工收入水平的上升和市民化程度的逐步提高，其消费行为也会发生相应的偏好转变，从而对其自身的消费结构以及整个社会消费升级产生积极影响。

而这种城乡消费结构之间的差异归根于我国城乡之间经济结构和社会结构相重叠的“双层二元结构”（刘易斯，1990）。而城乡收入分配差距的拉大以及农村居民消费环境、消费习惯的制约，使得我国城乡居民消费结构升级的时间差过大，阻碍了城乡消费链的平衡推移。城镇居民消费升级后过剩的商品无法及时地由农村来接纳和吸收，在城乡居民之间形成差距较大的消费断层，而随着农民工收入水平的提高和消费偏好的逐步改变，其可能会成为填补这一断层的中间消费阶层。

整体来看，农民工数量巨大，但是其消费模式较为单一、消费水平相对较低，与城镇本地居民差异较大。如果入城务工的农民工能够在城市定居落户，对促进消费会具有直接影响，消费结构也会明显升级，从而有效扩大内需，促进经济增长。

此外，给予农民工城市居留权能够影响其消费结构，这就需要通过进一步深化基本公共服务均等化以及与社会保障体系有关的制度改革来实现。

第5章为农民工收入和消费变动对消费结构影响的理论模型。基于收入不平等模型，考察了在新型城镇化条件下，农民工收入水平提高对社会整体消费能力和消费结构影响的理论模型。本章提出一个理论分析框架，探讨在新型城镇化背景下，农民工收入水平的提高和收入不平等的变动会如何对整个经济体的产业和消费结构产生影响。本章在一个需求驱动结构变迁的理论框架下同时考察经济体劳动力从农业部门向非农业部门转移以及在城镇部门中，农民工从非正式就业（低技术行业）向正式就业（高技术行业）的转变这两种结构变迁过程。经济主体的收入差异会通过其消费需求因素对部门转移以及行业发展产生影响，由非齐次偏好设定所构建的恩格尔法则是导致经济在发展过程中发生产业结构和消费结构变迁的主要驱动力，而推动这种结构变迁的机制是生产力改进和产品需求规模扩大之间双向因果关系的结果，主要表现在适度的收入差距有利于新产品的引进，从而通过消费者的示范效应和生产率的改进推动新产品行业生产规模的扩大，这种生产率和市场规模之间的良性循环也带来了各类劳动力收入水平的提高，逐步改善各类劳动者的收入不平等程度。

就模型分析的结论而言，在本章所构建的结构变迁模型中，基于非齐次偏好设定的恩格尔法则是导致经济主体在发展过程中从农业向非农业部门转移的主要驱动力，而经济主体之间存在的收入差异也促使非农业部门内部的行业从低技术行业向高技术行业转变。

其次，在分析消费需求对行业发展的作用时，本章证实新消费品生产行业受消费需求刺激，使得初期该消费品出现较快增长，此后，随着该商品市场需求的饱和而出现发展变缓的态势。从而各个消费品行业的变化表现出雁形发展模式，对新产品的消费随着收入的增加持续出现，又随着各收入阶层收入水平的提高而逐步扩大消费规模。这种结构变迁的内在机制是生产力改进带来的收入增加和产品需求规模扩大之间双向交互效应的结果。随着生产率的提高以及收入的增加，新产品可以被更多的消费者所购买，而产生更大的消费品市场，进一步提高生产率。最后，本章发现适度的收入不平等对于这种生产率和市场规模之间的良性循环具有一定的促进作用，也间接证实 Kuznets 的倒 U 形假说，适度的收入不平等有利于新产品的引进，从而通过消费者的示范效应和生产率的改进推动新产品行业生产规模的扩大，完全的收入平等会推迟新产品的出现，而完全的不平等使得新产品规模的扩大无法实现。

第 6 章为动态可计算一般均衡模型（CGE 模型）的设定。这一章对基于农民工就业的可计算一般均衡的设定进行了说明，并且基于调查数据，构建了能够用于分析农民工和城镇居民在行业就业中存在差异的社会核算矩阵，并给出了符合这一特征的数据和模拟基线结果。

本章认为，可计算一般均衡模型通过对各类主体市场行为决策的优化设定，使得模型能够进行反馈调整和自发性决策，从而可以定量模拟不同政策实施力度条件下，行为主体的行为反应。当前关于农民工市民化效应分析的 CGE 模型都是通过调整模型中的特定部门，在对不同劳动力类型进行区分的基础上进行分析。

本章构建了适合于分析农民工就业和消费行为的 CGE 模型：在生产部门中区分了农业劳动力、城镇劳动力和农民工三类劳动，将其复合为劳动投入，基于利润最大化条件，构建了企业的劳动力需求决策；在居民部门也相应地划分了三类居民（农村居民、城镇居民和农民工），探讨了其效用最大化下的最优消费决策和劳动供给决策；而在商品部门、就业行业等部门设定中，基于农民工消费数据和就业数据的可及性，对部门进行了合并。

本章在数据选择上，基于2010年的投入产出表，资金流量表，统计数据和农民工调查数据，构建了2010年的我国社会核算矩阵表作为模型评估的基础数据；对社会核算表进行了较为详细地说明；结合本书的研究重点，探讨了劳动账户细化的方法和细化的结果。

在完成模型设定和给定基础数据后，本书根据2010—2016年的相关统计数据和调查数据，对上述年份的经济状况、行业产出、行业就业等利用模型进行基线模拟，结果证实本书所构建的动态CGE模型，在经济总量和经济结构上均有相对较好的拟合结果，可以较好地保证后文中政策模拟分析的效度和可信度。

第7章考察在新型城镇化过程中，通过户籍制度改革来推进农民工市民化，对农民工消费的促进作用。基于我国对2020年的新型城镇化的规划和人口规模的预测，本章对2020年实现不同户籍人口城镇化率水平下，农民工的就业、收入及其消费行为进行模拟。

本章测算了农民工转化为城镇劳动力后不同行业的劳动力比例变动，发现与2016年相比，2020年后在第三产业就业的农民工占全部农民工的比重将达到50%，第一产业和第二产业的就业占比呈现持续小幅下降阶段。从短期内来看，建筑业、批发零售业和住宿餐饮业将是吸纳市民化后的农民工就业的主要产业。这类行业就业技能要求较低并能快速形成经验积累，在农民工户籍政策调整后的就业带动效应较为明显。

随着就业结构的调整，市民化后的农民工的工资水平会上升。同一行业内的城镇就业人员和农民工间的平均收入差距缩小，农民工整体的工资水平会被拉高。模拟结果表明，在部分生活服务业，城镇就业人员和农民工的收入差距将有较为明显的缩窄，农民工的工资能够在正常增幅基础上提高5.8%左右。

由此，本书估算出在新型城镇化过程中，农民工市民化的政策对于农民工总消费和对全社会城镇居民消费的影响。在户籍人口城镇化率达到国家规划要求的情况下，2020年的农民工消费金额相较于2016年会增加16169亿元，带动的农民工消费增幅为42.2%，从而会对整个城镇居民消费增幅产生积极的刺激作用。为切实落实户籍人口的城镇基本公共服务待遇，仅义务教育、基本社会保障、基本医疗保险和保障性住房这四项支出就需要地方政府在未来四年增加财政投入4.2万亿元。

1.3 研究基本结论

农民工的消费潜力较高，农民工当前的整体消费能力与城市中低收入群体的消费水平一致，随着新生代农民工逐渐成为农民工的主体，农民工群体消费模仿特征在增强。农民工消费水平的提高不仅有助于其输入地的整体消费规模的增加，而且有助于改善其输出地的消费结构和消费偏好，有力地促进城乡一体化的发展。

农民工消费能力的实现取决于其收入水平的提高、消费偏好的改变以及社会消费结构的变化。其中收入水平的提高是保证农民工消费扩大的最基本要素，而其又受到农民工就业结构的影响。除了当期收入外，未来收入的预期也会对农民工的消费产生积极影响。有效探讨城镇化建设和经济发展进程中的农民工收入增长长效机制，有助于促进农民工消费水平的提高。

城镇居民与农民工之间的收入不平等程度会对整个社会的消费多样性和不同收入居民的消费偏好产生影响。

与农民工消费能力相对应的是全社会消费水平的变化，其依赖于社会整体收入水平的上升，也与农民工的收入、家庭结构密切相关。基于结构模型的定量模拟证实，改革户籍制度和加大农民工落户地的基本公共服务均等化建设投入，能够对农民工的消费行为产生重要影响，从而带动全社会居民消费水平的提高和消费结构的升级。

第 2 章　城镇化进程中的农民工流动、特征与收入

2.1　农民工的概念和统计口径说明

农民工是与我国户籍制度相关联的特殊概念，泛指户籍登记在农村，拥有承包经营土地，但从事非农业的生产活动，与自己的土地分离，主要依靠工资收入生活的劳动力。我国目前对农民工比较全面的调查统计主要有三个来源，一是国家统计局的农村住户调查数据；二是农业部固定农村观察点系统调查数据；三是卫计委流动人口监测数据。其他调查则主要是各类局部调查等。其中前两项调查在统计口径上经常将农民工区分为"外出农民工"和"本地农民工"。前者指农村户籍劳动力中离开本乡镇的外出从业人员，后者指在本乡镇从事非农产业的农村户籍人员。

外出农民工是理论与政策分析中所界定的一般意义上的农民工。国家统计局和农业部对此的统计口径存在差异，前者将年度内在本乡以外的地域就业 1 个月以上的农村劳动力都纳入外出农民工统计范围；而农业部则只统计 3 个月以上的外出劳动力。国家统计局的口径要比农业部的口径大，而且覆盖面也更宽。因此现有的政策研究一般以国家统计局数据作为判断我国外出农民工规模的主要依据[①]。

国家统计局开展了两项与农民工有关的调查，一项是 2008 年开始的农民工

① 国家统计局开展了两项与农民工有关的调查，一项是 2008 年开始的农民工监测调查，从输出地农村的角度反映农民工的规模、流向和分布；另一项是 2015 年起开展的农民工市民化监测调查，从输入地城镇的角度反映新型城镇化进程中农民工现状以及基本公共服务均等化情况。这两项农民工调查共同构成了国家统计局农民工调查的有机整体，为制定农民工政策提供了可靠依据。农民工监测调查的调查范围是全国 31 个省（自治区、直辖市）的农村地域，以省为总体，按照科学抽样方法在 31 个省（自治区、直辖市）的农村地区抽取约 9000 个村、9 万户和 23 万多名农村劳动力作为调查样本。农民工市民化调查的调查范围是全国 31 个省（自治区、直辖市）的城镇地域，按照科学抽样方法抽取了 4 万多户进城农民工样本，由调查员使用手持电子采集终端（PDA），直接入户面访，每年 10 月开展年度一次性调查。

监测调查，从输出地农村的角度反映农民工的规模、流向和分布；另一项是2015年起开展的农民工市民化监测调查，从输入地城镇的角度反映新型城镇化进程中农民工现状以及基本公共服务均等化情况。这两项农民工调查共同构成了国家统计局农民工调查的有机整体，为制定农民工政策提供了可靠依据。

本章在对农民工的流动进行分析时，整合了早期的个体调查和2008年以后的农民工监测调查数据，以期为20世纪80年代初开始的农民工流动提供一个全景式的综览。

2.2　城镇化与农民工流动

我国在1984年颁布的《国务院关于农民进入集镇落户问题的通知》，允许农民自带口粮到集镇落户，进入城镇务工经商，从而开启了农村剩余劳动力从农村向城镇的转移过程。外出农民工人数从1978年的200万人左右①增加至2017年的17185万人②，外出农民工数量增长86倍，年均增长率达到11.4%。图2－1显示我国1983年以来外出农民工人数变化情况及其增速变化情况。可以证实，自1983年以来，我国农民工人数经历了较为持续的快速上升过程，受绝对数增加的影响，年均增速呈持续递减态势，但是在1995年之前的10年间，农民工始终保持了10%以上的年度增幅。而随着外出农民工基数的增加，增速虽然有所下降，但是年度人口增加额仍然保持了较高增长，1995—2007年，外出农民工人数年均增加543.25万人，高于此前10年的523.08万人。2008年之后，外出农民工的增速和绝对增加额均出现下降，平均增速仅为2.02%，年均增加人数也下降到了314.4万人。特别是2008—2010年出现了民工荒的现象，由图2－1可以证实，这一时期的外出农民工的数量较上年变化更为平缓，其增速也较此前下降。而到了2015年后，外出农民工人数出现首次负增长，外出农民工数量缩小③。

---

① 国务院研究室课题组，2006，《中国农民工调研报告》，北京：言实出版社，第305页。

② 国家统计局，《2017年农民工监测调查报告》，http://www.stats.gov.cn/tjsj/zxfb/201804/t20180427_1596389.html。

③ 需要注意的是，农民工监测调查在各年间也存在一定的差异，因此这种轻微的负向变动也可能反映出部分统计误差的因素。但是外出农民工增长变缓这一现象确实存在。

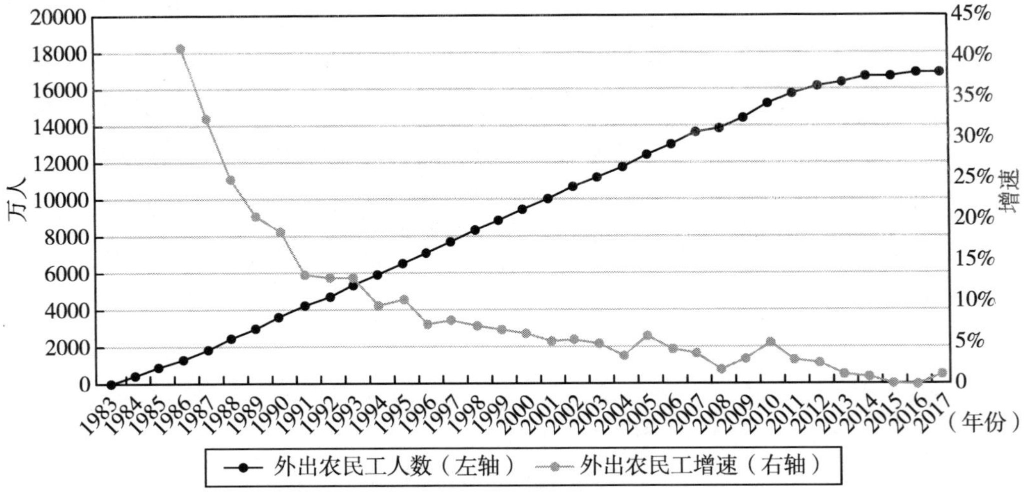

图 2－1　我国外出农民工人数与增速（1983—2017 年）

注：为保证统计口径的一致性，这里的农民工数据为外出农民工数据。在下文分析中，基于数据可得性，个别地方选择采用了农民工（包括外出农民工和本地农民工）的口径。

资料来源：1983—2013 年取自顾乐民（2015），2007 年以前部分年份的农民工人数数据采用最小二乘法插值得到。2013 年以后数据取自历年《农民工监测报告》。

在很长一段时间里，外出农民工只是为其务工城镇提供劳动力，作为城镇的非正式居民而存在。表 2－1 给出了我国不同时期外出农民工数量与人口城镇化率之间的关系。在 1983—1995 年，城镇人口年增长率为 3.51%，而外出农民工年增长率达到 27.35%，1995 年的人口城镇化率为 29%。表明在早期的农民工移动阶段，城镇实施严格的户籍管理制度，外出农民工更多地表现为城镇劳动力的提供者，其转变为城镇人口的可能性和人数均较低。

此后，随着人口城镇化率的不断提高，外出农民工融入城镇的程度也在上升。以 1996—2007 年为例，在这一时期，城镇人口的年增长率达到了 4.05%，而人口自然增长率为 0.73%，这必然要求一部分农村人口转换为城镇人口，因此，同期外出农民工的年增长率达到了 5.36%。

最近 10 年间，人口城镇化率进一步上升，城镇人口的年增长率与外出农民工的年增长率也逐步趋同。

表2-1　　我国城镇化水平与外出农民工数量变化情况

年份	城镇人口（万）	城镇人口占总人口的比重（%）	城镇人口年增长率（%）	人口自然增长率（%）	外出农民工人数（万）	外出农民工年增长率（%）
1995	35174	29.04	3.51	1.35	7000	27.35
2007	60633	45.89	4.05	0.73	13742	5.36
2017	79298	57.35	2.66	0.50	17185	2.02

资料来源：历年《中国统计年鉴》《中国城市统计年鉴》《农民工监测报告》，作者计算。

注：城市人口为城镇人口数量，年增速指标分别为1983—1995年；1996—2007年，2008—2017年的年平均值。

2.3　农民工的流动阶段

受我国人口流动管理政策变化的影响，我国外出农民工的数量及其从业地点的选择具有较明显的阶段性特征，结合我国城镇化发展历程和同期的劳动力管理政策的变化看，外出农民工的流动具有从兴起到逐步回流的循环性流动特征。自20世纪80年代以来，我国农民工的流动可划分为四个阶段。

表2-2列出不同阶段，影响农民工流动的主要政策。

表2-2　　我国劳动力市场政策演变与外出农民工移动特征

年份	政策	备注
1984	《中共中央关于1984年农村工作的通知》《国务院关于农民进入集镇落户问题的通知》	允许农民进城务工经商
1985	《中共中央关于进一步活跃农村经济的十项政策的通知》	
1986	《国务院关于国营企业招用工人的暂行规定》《公安部关于实行城镇暂住人口管理的暂行规定》	农村和城镇从业人员可以被公开、公平招聘
1988	《关于加强贫困地区劳动力资源开发工作的通知》	确定了劳动力跨地区转移原则
1992	以就业证、卡管理跨区域转移劳动力，鼓励、引导和实行宏观调控下的农民工的有序流动	

续表

年份	政策	备注
1993	《中共中央关于建立社会主义市场经济体制若干问题的决定》《劳动部关于建立社会主义市场经济体制时期劳动体制改革总体设想》	
1994	《劳动部关于促进劳动力市场发展，完善就业服务体系建设的实施计划》	推进农村劳动力跨区域有序流动、试点农村劳动力开放就业
1995	《中华人民共和国劳动法》	
1996		启动常住人口登记表和居民户口簿
1997	国务院批准常住人口登记方案，经批准的小城镇落户劳动力享受与当地居民同等待遇；各地区制定外来人口落户细则；确立下岗制度	
1998	严控大城市规模、合理发展中等城市和小城市，逐步改革户口管理制度	
2000	全面实现“绿卡”“蓝卡”等暂时户登记	第二次农民工回流
2003	在部分省、市逐步取消“农业”和“非农业”户口，《国务院关于进一步做好进城务工就业农民子女义务教育工作的意见》	首次民工荒
2004	《中共中央　国务院关于促进农民增加收入若干政策的意见》《关于进一步做好改善农民进城就业环境工作的通知》	
2005		公安部进一步深化户籍制度改革
2007	《关于进一步开展农村劳动力开发就业试点工作的通知》	提出取消对农民工进城就业的不合理限制
2008	《中华人民共和国劳动合同法》	
2010		拟在全国实行居住证制度
2012		对农村人口已落户城镇的，保障其享有同当地城镇化居民相等的权益
2013	党的十八大报告和2013年中央经济工作会议	提出有序推进农业转移人口市民化

续表

年份	政策	备注
2014	《国务院关于进一步推进户籍制度改革的意见》	取消农业户口与非农业户口，建立完善积分落户和城乡统一的户口登记制度
2020		实现 1 亿左右农业转移人口和其他常住人口在城镇落户

资料来源：作者根据相关文献整理。

2.3.1　城镇化初期的农民工流动阶段（1984—1995 年）

1984 年开始到 1995 年的农民工流动过程可以被认为是中国式农民向非农转移正式开始的第一个阶段，就近转移是这一阶段外出农民工的主要特点，故在众多文献中将这一阶段总结为“离土不离乡”阶段。支持这一时期农民向外转移的背景是改革开放之初，中央和国务院出台的一系列放宽户籍管理制度和鼓励农村剩余劳动力进行非农转移的政策措施，包括 1984 年和 1985 年连续两年颁布的中共中央一号文件（见表 2－2）以及国务院颁布的《关于农民进入集镇落户的通知》等政策性文件。

在这一时期，农民工的迁移与城镇化的建设相互伴随。外出农民工总量从初期的不到 200 万人增加到 1995 年的 7000 万人，出现了改革开放后的第一次“民工潮”，也开启了中国式的劳动力转移和城镇化道路（许召元，2012），而同期的城镇人口增加到了 35174 万人，年均增加 1733 万人，城镇化率也从 23% 上升到 29%，农民工对城镇化率的贡献从 1983 年的不到 0.2% 增加到 1995 年的 5.8%。

在这一时期，乡镇企业的兴落和农民工的流动息息相关。在 20 世纪 90 年代之前，乡镇企业成为吸纳农村剩余劳动力提供了重要的渠道。1989 年的 3000 万外出农民工占到了乡镇企业全部就业数的 32.03%。同期跨省外出农民工为 700 万人，仅占外出农民工总量的 23.33%①。

而随着 20 世纪 90 年代开始的乡镇企业逐步衰落，其对农民工的吸纳作用也在大幅下降。以 1995 年为例，我国外出农民工总量增加到 7000 万人，而乡镇企

① 国务院研究室课题组，2006，《中国农民工调研报告》，北京：言实出版社，第 305 页，表 1。需要注意的是，在 1989 年的 3000 万外出农民工中有一部分并不在乡镇企业就业，但考虑到当时的户籍管理政策，可以认为不在乡镇企业就业的外出农民工数量有限。

业吸纳的农民工约为2754万人[①]，占当年外出农民工总数的39.34%，占到乡镇企业全部用工人数的21.4%。较1989的32.03%，下降了10个百分点。

在这一时期，农民工的迁移呈现出从本地到跨省、跨区域的演变。特别是东部沿海地区经济快速发展，区域间的经济发展差异和收入差异的逐步扩大，使得农民工更多地向东部沿海地区转移。据调查，1993年跨省转移农民工总量约为2200万人，占到当年农民工总量的35.48%[②]，较1989年增长了12.15%。其中，广东、浙江、江苏等东部沿海地区是农民工的主要输入地（许召元，2012），在行业选择上，外出农民工的就业仍然以第二产业为主[③]。但在迁移方式上，举家迁移和单独外出同时开始增加，从而表现出与上一阶段以单独就近外出不同的迁移特征。

2.3.2 城镇化加快推进时期的农民工缓慢增长阶段（1996—2000年）

1996年开始，我国城镇化进入加快推进的阶段，2000年的城镇人口较1995年增加了10732万人，年均增加2146.4万人，人口城镇化率也上升到36.2%，大幅提高7.2个百分点，城镇化的加快推进必然带来对农民工数量的需求。

为引导农民工的有序流动，1997年国务院批准了《小城镇户籍管理制度改革试点方案》，并在2000年颁布了《关于促进小城镇健康发展的若干意见》，规定了小城镇常住户口的落户条件，放开了小城镇落户限制和跨区域转移限制，尝试将小城镇常住户口登记作为户籍制度改革的突破口，以改善外出农民工的移动特征。

这一户籍政策的出台和当时职工就业的困境在一定程度上造成城镇下岗职工与城镇中农民工的同质性就业竞争。在外部环境上，1998年东南亚金融危机也导致了沿海地区出口企业用工需求减少，1998—2000年农民工出现了一次减速增长阶段。外出农民工从1996年的7223万人增加到2000年的7849万人，年均增长155.5万人，外出农民工转移数量的增幅明显放缓，这一时期农民工对城

---

① 中国社会科学院，《作为社会流动的民工流动》，推算1995年乡镇企业新吸纳农村劳动力为2754万人。
② 国务院研究室课题组，2006，《中国农民工调研报告》，北京：言实出版社，第305页，表1。
③ 根据农业部“民工潮”跟踪调查与研究课题组《经济发展中的农村劳动力流动——对当前农村劳动力外出情况的调查与思考》一文中，使用1994年5月对全国11省、区75个固定观察点村的调查数据，发现1990—1995年农村劳动力在第一、二、三产业就业比重分别为33.0%，46.9%和20.1%。

镇化率的贡献仅上升到了 6.2%。但在就业选择上，农民工的就业呈现出逐步向第三产业倾斜的迹象。

2.3.3　城镇化快速发展时期的农民工逐步市民化阶段（2001—2008 年）

2000 年以来，我国城镇化建设进入快速发展阶段。到 2008 年，城镇人口较 2000 年增加了 16497 万人，人口城镇化率达到 47%。同时，中央政府也出台了一系列放宽城镇落户的政策措施。2001 年，国务院批转了《关于推进小城镇户籍制度改革意见》，进一步明确全面推进小城镇落户制度。这一意见的落实对我国户籍制度改革具有实质性的推动作用（王海光，2003），在一定程度上消除了对外出农民工进城就业的约束。在此期间的各项政策引导以及经济发达地区的企业经营形式好转，增加了对农民工的需求，使得外出农民工数量在 2000 年和 2001 年呈现显著反弹，外出农民工总量从 8399 万人增长到 10470 万人，两年分别增加了 550 万人和 2071 万人。

随着城镇化的快速发展和对户籍制度的进一步松绑，2003 年《中共中央关于完善社会主义市场经济体制若干问题的决定》，提出消除农民工就业歧视等深化户籍制度改革的要求①，国务院及相关部委陆续出台了多项政策以维护农民工在技能培训、就业保障、子女教育等方面的权益②，试图推进户籍制度改革，形成农村转移劳动力与城镇居民相互融合的城镇化发展模式。在此期间，外出农民工总量增加到了 2008 年的 13611 万人，年均增速为 4.6%。外来农民工对城镇化率的贡献从 2003 年的 8.43% 增加到 2008 年的 9.84%，年均增速为 0.35%③。

① 2004 年中共中央《关于促进农民增加收入若干政策的意见》，2006 年国务院《关于解决农民工问题的若干意见》。

② 2003 年国务院《工伤保险条例》，2003 年农业部等 6 部门《2003—2010 年全国农民工培训规划》，2003 年国务院转发《关于进一步做好进程务工就业农民子女义务教育工作的意见》，2003 年国务院《关于切实解决建设领域拖欠工程款问题的通知》，2004 年中共中央国务院《关于促进农民增加收入若干政策的意见》，2004 年劳动和社会保障部《关于农民工参加工伤保险有关问题的通知》，2004 年国务院《关于进一步做好改善农民进城就业环境工作的通知》。

③ 采用魏后凯（2013）的计算方法，即假定城镇中外出农民工数量按照国家统计局农村司统计的 2009 年全国农民工城镇就业比重 95.6%，城镇中外出农民工对城镇化率的贡献 = 城镇中外出农民工数量/总人口 × 100%。

2.3.4 新型城镇化背景下的农民工转移阶段（2008 年至今）

自2008年起，外出农民工流动呈现出分化性特征，即同时出现跨区域移动和本地就近转移两条路径。2008年的全球金融危机，对我国农民工集聚地区的出口企业产生较大的负面影响，也相应产生了一次小规模的民工荒。

这一时期国家确立了新型城镇化的建设方案，人口城镇化率在2011年首次超过50%，城镇人口在2016年达到79298万人，人口城镇化率为57.3%，较10年前增加了10.3个百分点。外出农民工对人口城镇化率的贡献达到12.2%。我国新型城镇化进程的加速，对外出农民工的转移产生一定的积极影响。

2008年后，中共中央和国务院出台多项政策落实农民工的市民化，包括加快确定了中小城镇落户条件的细则，鼓励和促进农业转移人口在一定条件下的落户政策①。同时，受到东部地区产业结构优化升级和中西部地区产业转移的影响，外出农民工同时呈现出跨区域移动和就近转移的特征。一方面，外出农民工中举家迁移的比例不断增长。2008—2017年外出农民工中举家外出的从2859万人增长到3734万人②，占比从20.4%增至21.7%。

另一方面，全部农民工中本地就近转移的趋势逐渐增强。表2－3列出国家统计局公布的历年外出农民工和本地农民工人数和增速变化情况。自2011年开始本地农民工的增速超过外出农民工的年度增幅，两类农民工的增速差异在2016年扩大到了3.14%。截至2017年，全国农民工总量达到28652万人，比上年增加481万人，外出农民工数量为17185万人，比上年增加251万人，增长1.5%。本地农民工11467万人，比上年增加230万人，增长2.0%。连续7年的转移方式变化，使得农民工中外出农民工和本地农民工的比例也发生较大改变，从2008年的1.65∶1快速下降为2017年的1.5∶1。

---

① 2010年中共中央《关于加大统筹城乡发展力度，进一步夯实农业农村发展基础的若干意见》，2010年国务院批转国家发改委《关于2010年深化经济体制改革重点工作意见》，2012年国务院《关子积极稳妥推进户籍制度改革的通知》。

② 因农民工监测报告自2015年起不再公布举家外出农民工的人数，本章根据2008—2014年的举家外出农民工占外出农民工的比例，结合个别省份公布的近年举家外出农民工的比例，推算出2017年的比例和举家外出农民工数量。

表 2 - 3　　外出农民工和本地农民工人数与增速变动（2008—2017 年）

年份	农民工人数（万人）			农民工人数变化（%）	
	全部农民工	外出农民工	本地农民工	外出农民工	本地农民工
2008	22542	14041	8501		
2009	22978	14533	8445	3. 50	-0. 66
2010	24223	15335	8888	5. 52	5. 25
2011	25278	15863	9415	3. 44	5. 93
2012	26261	16336	9925	2. 98	5. 42
2013	26894	16610	10284	1. 68	3. 62
2014	27395	16821	10574	1. 27	2. 82
2015	27747	16884	10863	0. 37	2. 73
2016	28171	16934	11237	0. 30	3. 44
2017	28652	17185	11467	1. 48	2. 05

资料来源：历年中国农民工监测报告。

2016 年我国正式取消了农业户口和非农业户口，统一登记为居民户口，开始统一采用居住证这一户籍管理方式，“农民工”这一称呼将逐渐退出历史舞台。但是，对于农业转移劳动力的落户细则上，各省市仍存在程度不一的落户标准限制。在农民工流动数量和规模较大的特大和大城市，农民工落户的条件仍然严苛。此外目前的政策主要针对的是数量型市民化，以保障人口城镇化率和户籍人口城镇化率的实现为目标，但是转移到城镇的农民工能够获取的基本公共服务没有完全落实，在短期内，农民工仍无法享受与市民同等的社会服务。因此，当前外出农民工的转移虽然平稳增长，但是跨区域和就近转移的分化状态更加显现，新型城镇化背景下的农民工向市民化转移的趋势仍将持续。

2. 4　农民工社会结构特征

随着 2008 年以来农民工调查数据的不断完善，对外出农民工特征的分析也日趋全面，本节通过对新型城镇化建设时期，外出农民工的年龄分布、就业区域、就业行业和转移偏好的分析，来考察农民工社会结构特征的变化，以便于更好地理解不同时期农民工消费水平和消费结构的变动。

2.4.1 农民工年龄结构

从农民工的年龄分布来看，农民工平均年龄趋于上升，与全国人口的平均年龄变动一致。

表2－4列出2010年以来国家统计局公布的分年龄段农民工人数变化情况。从数据来看，2010—2017年，全国农民工中30岁以上农民工人数在增加，而50岁以上农民工在2013年后出现快速增加，30岁以下农民工数量呈现不同程度的下降态势。2017年，40岁以下青壮年农民工占到全部农民工的比例为52.4%，是全国农民工的主体。其中，16—20岁农民工总量为745万人，占比2.6%；21—30岁农民工总量为7822万人，占比27.3%；31—40岁农民工总量为6447万人，占比22.5%，41—50岁农民工总量为7535万人，占比26.3%，50岁以上农民工总量为6103万人，占比21.3%。与2010年相比，16—20岁、21—30岁农民工人数分别减少830万人和874万人，31—40岁、41—50岁和50岁以上农民工总量分别增长754万人、2400万人和2978万人。

图2－2给出了2016年各年龄段农民工比例分布与我国人口结构分布的对比情况。可以发现，农民工群体构成中，20岁以上的各年龄段组均要高于同期全国人口的分布，而16—20岁人群在农民工中的比重远低于这一人群在全国人口中的比重。这一比例差异可能意味着即使在农村地区，这一年龄段中的很大一部分人可能并未外出务工，或许仍处于受高中（或高职）教育的阶段。结合表2－4可以发现，在2011—2012年16—20岁年龄段的农民工减少了300余万人，而在5年后，即2016—2017年21—30岁年龄段的农民工减少了230余万人。这部分说明这批农村居民仍未进入农民工市场，可能仍然在继续接受高等教育。这从一个侧面反映出农村居民的受教育水平在逐步提高①。

① 需要注意的是，根据第六次人口普查资料，2010年全国乡村15—19岁人口占全部乡村人口的比重为6.99%，同期同年龄段农民工占全部农民工的比例为6.5%。因此2010年以来低年龄段农民工比例的大幅下降是否还反映了乡村人口年龄结构的变动，仍待更充分的人口统计信息披露。

表 2-4　分年龄段农民工人数与分布情况（2010—2017 年）

年份	分年龄段农民工人数（万人）					分年龄段农民工分布				
	16—20	21—30	31—40	41—50	50 以上	16—20 岁	21—30 岁	31—40 岁	41—50 岁	50 岁以上
2010	1574	8696	5692	5135	3125	6.5%	35.9%	23.5%	21.2%	12.9%
2011	1593	8266	5738	6067	3615	6.3%	32.7%	22.7%	24.0%	14.3%
2012	1287	8377	5909	6723	3965	4.9%	31.9%	22.5%	25.6%	15.1%
2013	1264	8283	6159	7100	4088	4.7%	30.8%	22.9%	26.4%	15.2%
2014	959	8273	6246	7232	4685	3.5%	30.2%	22.8%	26.4%	17.1%
2015	1027	8102	6188	7464	4967	3.7%	29.2%	22.3%	26.9%	17.9%
2016	930	8057	6198	7606	5381	3.3%	28.6%	22.0%	27.0%	19.1%
2017	745	7822	6447	7535	6103	2.6%	27.3%	22.5%	26.3%	21.3%

资料来源：分年龄段农民工比例分布取自历年国家统计局农民工监测调查报告，分年龄段农民工人数根据该比例测算。

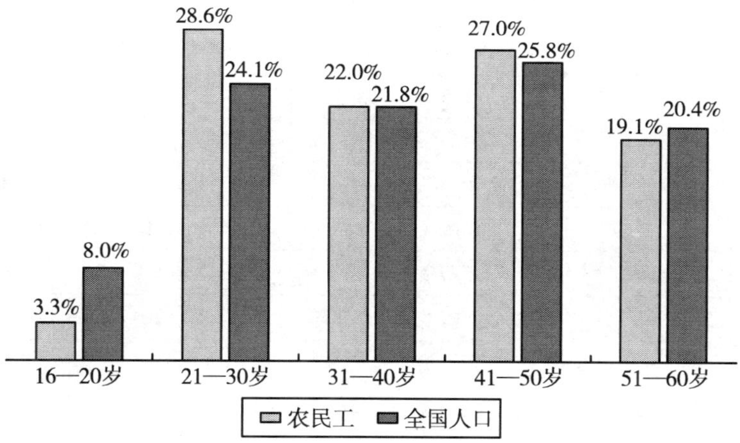

图 2-2　分年龄段全国人口和农民工占比情况（2016 年）

资料来源：分年龄段农民工比例分布取自 2016 年农民工监测调查报告，分年龄段全国人口分布根据《中国统计年鉴 2017》整理计算。

整体来看，农民工群体呈现出平均年龄上升的特点。从农民工的平均年龄来看，全国农民工的平均年龄从 2010 年的 32.8 岁增加到 2017 年的 39.7 岁，与这一时期我国人口的老龄化特征较为一致。

2.4.2　农民工文化水平

农民工主要以初中文化水平为主，但高中及以上文化水平农民工的占比逐步增长，这与全国人口的平均受教育水平趋于上升是一致的。如表 2 – 5 所示①，全国人口中，2016 年的小学和初中文化的人口占比分别为 25. 6% 和 38. 8%，较 2010 年下降了 3. 1% 和 2. 9%，而农民工中小学文化的人数占比变动明显，初中文化农民工占比下降了 2. 6%，与全国人口的情况基本吻合。2017 年高中文化农民工占比为 17. 1%，较 2010 年增加了 2. 1%，全国人口中这一比例提高了 1. 9%，也大致相似。

表 2 – 5 也显示，农民工中大专及以上文化的占比从 2012 年的 5. 7% 快速增加到 2017 年的 10. 3%，提高了 4. 6 个百分点。这实际上也部分证实了从农民工年龄分布中得到的判断，自 2010 年以来，农民工群体的受教育水平在不断提高，相应的，其首次成为外出务工人员的年龄也在逐渐增大。

表 2 – 5　农民工和全国人口平均受教育水平变化情况（2010—2017 年）

农民工	2010 年	2011 年	2012 年	2013 年	2014 年	2015 年	2016 年	2017 年
未上过学	1. 3%	—	1. 5%	1. 2%	1. 1%	1. 1%	1. 0%	1. 0%
小学	12. 3%	—	14. 3%	15. 4%	14. 8%	14. 0%	13. 2%	13. 0%
初中	61. 2%	—	60. 5%	60. 6%	60. 3%	59. 7%	59. 4%	58. 6%
高中	15. 0%	—	18. 0%	16. 1%	16. 5%	16. 9%	17. 0%	17. 1%
大专及以上	10. 2%	—	5. 7%	6. 7%	7. 3%	8. 3%	9. 4%	10. 3%
全国人口	2010 年	2010 年 a	2010 年 b	2012 年	2013 年	2014 年	2015 年	2016 年
未上过学	5. 0%	2. 8%	7. 2%	5. 3%	5. 0%	5. 4%	5. 7%	5. 7%
小学	28. 7%	19. 77%	38. 1%	26. 9%	26. 4%	26. 2%	26. 2%	25. 6%
初中	41. 7%	38. 61%	44. 9%	41. 1%	40. 8%	40. 2%	38. 3%	38. 8%
高中	15. 0%	22. 05%	7. 7%	16. 1%	16. 5%	16. 7%	16. 4%	16. 9%
大专及以上	9. 5%	16. 72%	2. 1%	10. 6%	11. 3%	11. 5%	13. 3%	12. 9%

注：2010 年 a 为城镇人口受教育情况，2010 年 b 为乡村人口受教育情况。

资料来源：农民工受教育情况数据取自历年农民工监测调查报告，全国人口受教育情况数据取自历年中国统计年鉴。2010 年全国人口、城镇、乡村人口受教育情况数据取自第六次人口普查资料，比例为作者计算。

此外表 2 – 5 也给出了 2010 年城镇人口和乡村人口的受教育比例分布情况。与同期农民工中受教育水平分布相比，乡村人口中受教育程度较高的人群外出

① 全国人口是根据 6 岁以上人口数来计算的，而农民工人口是根据 15 岁以上人口数来计算的，因此具有一定的差异。

务工的比例也明显较高，初中及以上教育程度人口在农民工中的比例明显高于乡村人口。但与城镇人口受教育水平相比，农民工的平均受教育水平仍然偏低。从受教育程度和职业匹配的角度看，这也意味着农民工的就业岗位可能更偏向于低技能行业。

外出农民工的文化水平要高于本地农民工，新增农民工的受教育水平也高于存量农民工。外出农民工中高中及以上文化水平的占比要大于本地农民工。由表 2 - 6 可知，外出农民工和本地农民工的受教育分布中，初中文化水平人口占比相差不大，2017 年为 58.5% 上下。从变动趋势来看，2012—2017 年，初中文化水平的外出农民工总量从 9978 万人增加到 10104 万人，人数增加 126 万人，但占比从 62.9% 降低到 58.8%。而本地农民工中，初中文化水平的农民工人数也出现上升，但是占比相对比较稳定。

外出农民工中高中及以上文化水平的占比远高于本地农民工。2012—2017 年，高中及以上文化水平的外出农民工总量从 3125 万人增加到 5293 万人，占比从 19.7% 上升到 30.8%，而 2017 年高中及以上文化程度的本地农民工占比为 24.2%，仅较 2012 年增加了 3.5%，比外出农民工中这一文化水平的人数占比要低 6.6%。这一比例差主要表现为本地农民工中具有小学文化程度的人数更多。2017 年本地农民工中小学文化水平人数占比为 16.0%，较外出农民工高出 6.3%。

表 2 - 6　　外出农民工与本地农民工受教育程度分布（2012—2017 年）

外出农民工	2012 年	2013 年	2014 年	2015 年	2016 年	2017 年
未上过学	1.0%	0.9%	0.9%	0.8%	0.7%	0.7%
小学	10.5%	11.9%	11.5%	10.9%	10.0%	9.7%
初中	62.0%	62.8%	61.6%	60.5%	60.2%	58.8%
高中	18.7%	16.2%	16.7%	17.2%	17.2%	17.3%
大专及以上	7.8%	8.2%	9.3%	10.7%	11.9%	13.5%
本地农民工	2012 年	2013 年	2014 年	2015 年	2016 年	2017 年
未上过学	2.0%	1.6%	1.6%	1.4%	1.3%	1.3%
小学	18.4%	18.9%	18.1%	17.1%	16.2%	16.0%
初中	58.9%	58.4%	58.9%	58.9%	58.6%	58.5%
高中	17.1%	16.0%	16.2%	16.6%	16.8%	16.8%
大专及以上	3.6%	5.1%	5.2%	6.0%	7.1%	7.4%

资料来源：历年农民工监测调查报告。

表2－6也表明，农民工受教育水平的提高，主要是新增农民工的受教育程度在上升以及年龄较大的农民工逐步退出这一市场。从数据来看，在2012—2017年，无论是外出农民工还是本地农民工，未上过学的农民工人数均在下降，而且外出农民工中小学程度的农民工人数也在2015年后出现下降态势，这可能源于年龄较大的早期农民工返乡，退出了农民工行列。而另一方面，大专及以上农民工人数开始上升，尤其是外出农民工中，具有大专及以上文化程度的人数从2012年的1270余万增加到2017年的2320万人。全部农民工中，大专及以上文化程度的农民工人数在2017年达到3168万人，这一群体的扩张主要来源于每年新增的农民工。

2.4.3 农民工区域分布

从农民工的输出地来看，东部地区输出农民工最多，但增速在减缓。三大区域内留在本区域的农民工和外出农民工的变动趋势较为相似。东部地区输出农民工规模是最大的，但增幅在减缓。表2－7表明，2008—2017年，其输出农民工人数从9711万人增长到10749万人①，但是占全国农民工总量的比重从43.1%下降到了37.5%。而中西部农民工数量增长持续高于东部农民工人数增长。从农民工总量的增速来看，中部地区最快，从2008年的7082万人增加到2017年的10089万人，占比从31.4%增长到35.2%；同期，西部地区农民工总量从5746万人增加到7814万人，占比从25.5%增长到27.3%。

表2－7 按输出地分三大区域农民工人数变动（2008—2017年）

年份	农民工人数（万人）				外出农民工占比		
	合计	东部	中部	西部	东部	中部	西部
2008	22544	9716	7082	5746	30.8%	37.0%	32.3%
2009	22978	10017	7146	5815	31.9%	36.5%	31.6%
2010	24223	10468	7619	6136	31.8%	36.6%	31.6%
2011	25278	10790	7942	6546	31.6%	36.6%	31.8%
2012	26261	11191	8256	6814	31.5%	36.7%	31.8%

① 因统计口径调整，自2016年起，全国农民工监测报告将原来分属东部的辽宁省和中部的吉林省、黑龙江省单列为东北地区，从而使得东部地区、中部地区输出农民工的数量与以前年度不可比。为便于比较，本书将东北地区的外出农民工数量的1/3并入东部，2/3并入中部。

续表

年份	农民工人数（万人）				外出农民工占比		
	合计	东部	中部	西部	东部	中部	西部
2013	26894	10454	9335	7105	29.7%	38.7%	31.6%
2014	27395	10664	9446	7285	29.7%	38.4%	31.8%
2015	28642	11058	10206	7378	29.3%	39.0%	31.7%
2016	28171	10710	9898	7563	27.7%	37.1%	31.6%
2017	28652	10749	10089	7814	28.6%	39.6%	31.8%

资料来源：历年农民工监测统计报告。

表 2 -7 也给出了三大区域外出农民工的占比变动情况。从表中来看，东部地区和西部地区的外出农民工占比在此期间均呈现出一定的下降态势。2008—2017 年，东部和西部地区外出农民工占比分别从 30.8% 和 32.3% 下降至 28.6% 和 31.8%。受农民工总规模扩大的影响，两个地区外出农民工的数量在增加，分别从 4329 万人和 4538 万人增加到 4917 万人和 5470 万人。其中，中部地区外出农民工数量和占比均呈现快速增长趋势。2008—2017 年，中部地区的外出农民工数量从 5201 万人增至 6798 万人，占比从 37.0% 上升至 39.6%，是全部地区中外出农民工增长最多的地区。

表 2 -8 给出了按输入地划分三大区域农民工人数变动情况。从输入地来看，农民工务工以东部区域为主，但是在中、西部地区务工的比例不断提高。2009—2017 年，东部地区务工的农民工从 15569 万人增长到 16298 万人，占比从 67.9% 下降到 57.0%。同期，中、西部地区务工的农民工则分别由 3830 万人、3519 万人增加到 6521 万人和 5754 万人，占比则分别从 16.71% 和 15.35% 提高到 22.82% 和 20.14%。

从构成来看，外出农民工的省内转移趋势更为明显，但跨省流动的农民工主要流向仍然为东部地区。2008—2017 年，外出农民工中省内转移的人数从 6637 万人增长到 9510 万人，占比从 47.3% 上升 55.3%。跨省转移从 7430 万人增长到 7675 万人，占比下降了 10 个百分点至 44.7%。

分区域来看，2017 年，在东部地区务工的本地农民工、省内外出农民工和跨省流动的农民工分别为 5832 万人、4043 万人和 6422 万人①。跨省流动的农民

① 对东北地区的处理同上。历年农民工监测报告区分了本地农民工和外出农民工，并且给出外出农民工的跨省流动和省内流动数据。在分析输入地的农民工构成时，剔除仍然在本区域内的本地农民工和外出农民工中省内流动部分，可以得到历年输入地农民工中省外流入的人数。

工也以从中、西部地区流入为主①，农民工流向经济发达区域的基本特征没有发生变化。但是从变动趋势来看，跨省输入东部地区的农民工数量经历了一个小的倒U形变动态势，从2008年的不到6500万人，增加到2010年的6700万人，此后逐渐减少到2017年的6422万人，但整体减少幅度并不明显。

中西部地区的农民工人数也在增加，农民工输入的主要特征为本地农民工和省内流动的外出农民工均出现同等规模的增加，2017年比2009年分别增加了2691万人和2235万人。两类地区的新增农民工中，半数以上来自本区域内的农民工流动，比如中部地区本区域输出农民工增加了1450万人，占到本地区新增农民工的53.9%。而西部地区本区域输出农民工增加了1121万人，占到本地区新增农民工的50.2%。进一步观察，可以发现省内流动是中西部地区本区域农民工流动的主要方式。在7年间，本区域新增的输出农民工中，70%以上的农民工选择在省内务工。

中西部地区跨省输入的农民工规模较小，但西部地区跨省输入的农民工数量呈现较大增幅。2017年两大地区合计输入的区域外农民工仅为1174万人，不到东部地区的18.3%。一般而言，中西部地区的农民工在选择区域外的务工地点时，更可能选择东部地区。但值得注意的是，西部地区区域外输入农民工的增速较快，从2009年的418万人增加到2017年的727万人，增加了309万人，总增幅为73.9%，这可能意味着西部地区核心城市的外来务工人员的吸纳能力在增强。

表2-8　按输入地分三大区域农民工人数变动（2008—2017年）

	年份	2009	2010	2011	2012	2013	2014	2015	2016	2017
农民工人数（万人）	合计	36744	38642	40383	42135	42627	43560	26816	27190	27659
	东部	15569	16213	16537	16980	16174	16425	16294	16261	16298
	中部	3830	4104	4438	4706	5700	5793	6172	6349	6521
	西部	3519	3846	4216	4479	4951	5105	5209	5484	5754
本区域输出（万人）	年份	2009	2010	2011	2012	2013	2014	2015	2016	2017
	合计	8445	8888	9415	9925	10284	10574	11758	11237	11467
	东部	5381	5591	5777	6045	5518	5663	5918	5818	5832
	中部	1841	2006	2136	2261	2911	2979	3221	3206	3291
	西部	1223	1290	1502	1619	1855	1932	2030	2213	2344

① 根据《2017年全国农民工监测报告》，2017年，东部地区跨省流动的外出农民工为826万人，构成东部地区省外流入东部地区的外出农民工人数上限。

续表

	年份	2009	2010	2011	2012	2013	2014	2015	2016	2017
省内流动人数（万人）	合计	7192	7621	8392	8691	8871	8954	9139	9268	9510
	东部	3690	3916	4181	4307	4054	4085	4086	4009	4043
	中部	1623	1734	1904	2026	2407	2403	2568	2703	2784
	西部	1878	2089	2169	2255	2410	2466	2485	2556	2683
跨省输入（万人）	年份	2009	2010	2011	2012	2013	2014	2015	2016	2017
	合计	7281	7654	7384	7549	7670	7795	6850	7666	7675
	东部	6498	6706	6579	6628	6602	6677	6106	6435	6422
	中部	365	363	398	419	382	411	14	439	447
	西部	418	467	545	605	686	707	694	715	727

注：区域外输入外地农民工数量 = 输入地农民工 - 本地农民工 - 外出农民工省内流动数量
资料来源：历年农民工监测调查报告，作者计算。

表2－9给出农民工的流动地点和流动城市选择。从流动地点来看，在东部地区务工的农民工主要集中在长三角、珠三角和京津冀地区，但逐渐呈现分化态势，集中度有所减低。2017年三类地区合计吸纳农民工12324万人，占到东部地区输入农民工人数的75.6%。其中，长三角地区务工的农民工人数最多。自2009年以来，在长三角地区务工的农民工人数从5547万人增加到2012年5937万人，逐渐减少到2017年的5387万人。珠三角地区则略低于长三角地区的水平，2017年在珠三角地区务工的农民工人数为4722万人，较2009年减少近200万人。京津冀的农民工务工人数则在有数据的两年间呈现略微上升的态势，2016年和2017年分别为2143万人和2215万人。

表2－9 按地点和城市类型分农民工流动情况（2008—2017年） 单位：万人

重点区域＼年份	2009	2010	2011	2012	2013	2014	2015	2016	2017
长三角地区	5547	5810	5828	5937				5309	5387
珠三角地区	4917	5065	5072	5199				4767	4722
京津冀								2143	2215
城市类型	2009	2010	2011	2012	2013	2014	2015	2016	2017
外出农民工	14533	15335	15863	16336	16610	16821	16884		
直辖市	1323	1227	1634	1634	1410	1359	1460		

续表

城市类型	2009	2010	2011	2012	2013	2014	2015	2016	2017
省会	2878	2975	3252	3284	3657	3774	3811		
地级市	4999	5337	5378	5701	5553	5752	5919		
小城镇	4694	5030	5037	5065	5921	5864	5621		
其中：跨省流动					7739	7867	7745		
直辖市					1115	1107	1188		
省会					1749	1783	1752		
地级市					3064	3163	3258		
小城镇					1742	1742	1473		
其中：省内乡外流动					8871	8954	9139		
直辖市					295	252	272		
省会					1908	1991	2059		
地级市					2489	2589	2660		
小城镇					4179	4122	4148		

资料来源：历年农民工监测报告。

在具体的流向上，外出农民工以流入地级及以上城市为主。表2－9显示，2009年在地级市及以上城市务工的外出农民工达到9200万人，占到外出农民工总量的63.3%。2015年则达到11190万人，占比66.3%，较2009年提高3个百分点。

从总量上看，外出农民工流入最多的为地级市，但大城市和发达城市仍然是外出农民工的首选。地级市吸纳的外出农民工人数从2009年的4999万人增加到2017年的5919万人。但从单个城市的吸纳量来分析，直辖市仍然是外出农民工的首选城市。2015年单个直辖市吸纳外出农民工平均数量约为365万人，而单个省会城市吸纳外出农民工的平均数量约为150万人。从流入特征来看，直辖市的农民工主要是市外农民工，其跨省（市）流入的农民工占到全部农民工的80%以上；其次是地级市，2015年跨省流入地级市的农民工占到全部地级市农民工的55.04%。而县级市和小城镇吸纳的外出农民工则主要以省内乡外农民工为主，在2015年，这一比值达到74%。从有数据的3年情况来看，农民工所流向的城市类型和流动方式均比较稳定，变动程度也相对较小。

2.4.4　农民工就业结构

表 2－10 给出了农民工的从业情况变化。农民工的就业平均分布在第二、三产业。两类产业的就业比基本为 51∶49，第二产业略高。两类产业从业人数的比重在各年间存在一定程度的波动，但总体变化不大。分行业来看，农民工从事的行业主要集中在制造业和建筑业，在服务业就业中以中低端的生活服务业为主。从增速看，建筑业和批发零售业的就业占比上升较快。由表 2－10 可知，农民工从事第二产业的比重在 2008 年以来始终高于 50%，且制造业是吸纳农民工就业人数最多的行业。农民工在第二产业从业总数在近年间增长不多，仅从 2008 年 8386 万人增加到了 2017 年的 8567 万人，导致其从业人员占比从 37.2% 下降到了 29.9%。而农民工在建筑业就业的比重提高较快，从 2008 年的 13.8% 增加到 2017 年的 18.9%，从业人数也从 3111 万人增加到 5415 万人。

从服务业内分行业来看，批发零售业从业人数占比从 2008 年的 9% 增加到了 2017 年的 12.3%，逐渐超过了居民服务业，与居民服务业共同成为农民工在服务业中主要的从业行业之一，交通运输业、住宿和餐饮业这两个行业的农民工从业人数占比在这一期间并未发生变化，表明这两个行业的从业人数的增幅与农民工人数的增幅较为一致。

表 2－10　　农民工从业分布和人数（2008—2017 年）　　单位:%

年　份	2008	2009	2010	2011	2012	2013	2014	2015	2016	2017
第二产业	51.0	51.3	52.8	53.7	54.1	53.6	56.6	55.1	52.9	51.5
其中：制造业	37.2	36.1	36.7	36.0	35.7	31.4	31.3	31.1	30.5	29.9
建筑业	13.8	15.2	16.1	17.7	18.4	22.2	22.3	21.1	19.7	18.9
第三产业	49.0	48.7	47.2	46.3	45.9	46.4	42.9	44.5	46.7	48.0
其中：批发和零售业	9.0	10.0	10.0	10.1	9.8	11.3	11.4	11.9	12.3	12.3
交通运输、仓储和邮政业	6.4	6.8	6.9	6.6	6.6	6.3	6.5	6.4	6.4	6.6
住宿和餐饮业	5.5	6.0	6.0	5.3	5.2	5.9	6.0	5.8	5.9	6.2
居民服务、修理和其他服务业	12.2	12.7	12.7	12.2	12.2	10.6	10.2	10.6	11.1	11.3

续表

年　份	2008	2009	2010	2011	2012	2013	2014	2015	2016	2017
其他	15.9	13.2	11.6	12.1	12.1	12.3	8.8	9.8	11.0	11.6
农民工人数（万人）	22544	22978	24223	25278	26261	26894	27395	28642	28171	28652

资料来源：历年农民工监测报告，作者整理。

表2－11给出了分区域农民工就业分布情况。从区域分布来看，各地区间农民工从事各行业人数分布有所差异。东部地区从业的农民工以第二产业就业为主，西部地区则以第三产业为多，而中部地区两类产业从业比重大体相同。此外，各地区在第二产业就业的农民工呈现出递增态势。

在东部地区的第二产业就业中，制造业是其中最主要的就业行业，2010—2013年，在制造业从业的农民工占到东部地区从业农民工的43%以上，但呈现逐年下降态势。同期，在中西部地区从事建筑业的农民工中占到两类地区从业农民工的28%—30%，并且中部地区的建筑业从业农民工的占比上升较快。

表2－11　　分区域农民工就业分布情况（2010—2015年）

区域	年份／行业	2010	2011	2012	2013	2014	2015
东部地区	第二产业	58.4%	58.2%	58.5%	61.1%	61.2%	60.2%
	制造业	46.2%	44.8%	44.6%	43.1%		
	建筑业	12.2%	13.4%	13.9%	17.5%		
	第三产业	31.5%	34.2%	30.9%	38.4%	38.4%	39.4%
	批发和零售业	8.6%	10.1%	8.5%	10.2%		
	住宿和餐饮业	5.0%	5.3%	4.4%	5.0%		
	交通运输、仓储和邮政业	5.8%	6.6%	5.6%	5.3%		
	居民服务业	12.1%	12.2%	12.4%	9.9%		
中部地区	第二产业	42.9%	47.7%	48.7%	52.8%	52.5%	50.7%
	制造业	22.4%	23.0%	23.2%	20.1%		
	建筑业	20.5%	24.7%	25.5%	28.5%		
	第三产业	42.1%	38.5%	37.9%	46.7%	47.1%	49.0%
	批发和零售业	13.1%	13.1%	12.6%	12.9%	13.2%	13.9%
	住宿和餐饮业	7.0%	5.9%	5.8%	6.2%	6.5%	
	交通运输、仓储和邮政业	8.5%	8.1%	8.2%	7.3%		
	居民服务业	13.5%	11.4%	11.3%	11.1%	10.9%	11.5%

续表

区域	行业＼年份	2010	2011	2012	2013	2014	2015
西部地区	第二产业	41.1%	42.8%	43.8%	47.6%	47.1%	44.1%
	制造业	15.0%	15.4%	15.4%	13.2%		
	建筑业	26.1%	27.4%	28.4%	30.0%		
	第三产业	43.8%	41.3%	40.4%	51.5%	52.1%	55.2%
	批发和零售业	11.9%	12.5%	11.9%	13.2%		14.8%
	住宿和餐饮业	8.5%	7.3%	7.6%	8.1%	8.3%	
	交通运输、仓储和邮政业	9.3%	9.3%	8.8%	8.2%	8.7%	
	居民服务业	14.1%	12.2%	12.1%	12.2%	11.8%	12.9%

资料来源：历年农民工监测报告，作者整理，2014 年和 2015 年部分数据缺失。

在第三产业的就业中，三类地区的差异性并不显著，与全国就业情况相似，农民工在批发和零售业、住宿餐饮业、交通运输业和居民服务业的就业比重变动均较为一致。以批发零售业为例，在西部地区中，该行业从业农民工占所有农民工的比例持续上升，由 2010 年的 11.9% 上升到 2015 年的 14.8%。而东、中部地区，该行业的就业人数占比相对较为稳定。农民工在这些行业的就业和其务工地对上述行业的需求相关，在对上述服务行业的需求逐年增加的条件下，各地区中上述行业中农民工的从业数量必然也会持续增加。

与城镇同类行业的从业人员就业分布相比，农民工的这一就业分布，进一步证实了农民工所从事的行业以低技能、高劳动强度为主。表 2－12 证实，这一时期，城镇单位、私营和个体从业人员中从事建筑业的比重在递减，而农民工从事建筑业的比重在递增。制造业则与此相反。而在服务业中，农民工主要从事住宿和餐饮业、交通运输、仓储和邮政业以及居民服务业。三个行业中农民工人数的分布远高于城镇从业人员中的行业占比。按这一比例和城镇从业人员人数来推断，2016 年从事建筑业的城镇从业人数约为 8150 万人，其中农民工约为 5550 万人，占比达到 68.1%。相应的，从事住宿餐饮业、交通运输的城镇从业人员约为 4041 万人，从事这两类行业的农民工人数为 3465 万人，占到全部人数的 85.7%。

表 2－12　　分行业城镇就业人员与农民工从业分布情况
（2008—2016 年）

年份	2008	2009	2010	2011	2012	2013	2014	2015	2016
农民工行业分布									
制造业	44.2%	41.6%	41.5%	41.0%	40.6%	35.8%	34.3%	34.5%	34.3%
建筑业	16.4%	17.5%	18.2%	20.1%	20.9%	25.3%	24.5%	23.4%	22.1%
批发和零售业	10.7%	11.5%	11.3%	11.5%	11.1%	12.9%	12.5%	13.2%	13.8%
交通运输、仓储和邮政业	7.6%	7.8%	7.8%	7.5%	7.5%	7.2%	7.1%	7.1%	7.2%
住宿和餐饮业	6.5%	6.9%	6.8%	6.0%	5.9%	6.7%	6.6%	6.4%	6.6%
居民服务、修理和其他服务业	14.5%	14.6%	14.4%	13.9%	13.9%	12.1%	11.2%	11.8%	12.5%
农民工从业人员合计（万人）	18960	19945	21413	22219	23083	23586	24984	25835	25072
城镇从业人员行业分布									
制造业	55.7%	55.6%	55.8%	55.5%	55.5%	55.0%	55.3%	55.7%	56.0%
建筑业	15.6%	15.0%	15.1%	15.0%	14.9%	15.6%	14.6%	13.5%	12.8%
批发零售	18.6%	19.3%	19.3%	20.0%	19.4%	19.6%	20.2%	20.4%	20.6%
交通运输、仓储和邮政业	3.5%	3.4%	3.1%	2.9%	3.5%	2.9%	2.7%	2.5%	2.4%
住宿和餐饮业	3.4%	3.3%	3.4%	3.3%	3.3%	3.3%	3.4%	3.6%	3.9%
居民服务、修理和其他服务业	2.2%	2.4%	2.4%	2.6%	2.7%	2.7%	3.1%	3.6%	3.8%
城镇从业人员合计（万人）	30709	33575	35934	40357	43556	49302	54640	59536	63864

注：农民工从业分布中剔除了其他行业和第一产业的从业人数，因此与表 2－10 不能完全相比。城镇从业人员为表中所列行业的城镇单位从业人员、私营和个体从业人员之和。

资料来源：农民工从业人员取自历年农民工监测报告，城镇从业人员取自历年《中国统计年鉴》。

2.5　农民工收入分析

在对农民工消费水平进行分析时，首要考虑的就是其拥有的收入，而工资则是农民工收入的最重要表现形式。因此，本节对我国农民工的工资变动进行考察。

在分析农民工工资收入的影响因素时，研究主要从人口结构特征、农民工所具有的人力资本水平、农民工的社会网络关系、其所务工的企业规模和性质以及最低工资规定等多个方面进行探讨，在2008年后，还考察了“民工荒”对于工资上涨的影响。由于早期缺少全国范围的抽样调研，各类研究或者以特定年份以及特定地区的农民工工资调查数据作为分析对象，或者利用农村家庭人均收入构成及农村劳动力就业分布数据测算农民工收入。虽然不同研究间的估计结果并不相同，并且和有全国范围的抽样调查后的结果也存在较大出入，但是仍然为我们了解农民工收入水平提供了大量的定量依据。

2.5.1　农民工整体工资变动分析

基于卢峰（2012）对2010年以前调查研究和文献资料中关于农民工工资整体情况的总结以及国家统计局后续公布的全国农民工监测报告。图2－3给出1985年以来的农民工工资变动情况。可以发现与上述农民工流动的阶段一致，农民工的工资也经历4个不同阶段的增速变化。第一阶段是1985—1995年的高速增长阶段，从1985年的月均116.7元增加到1995年的483.50元，平均增速为6.17%，从统计数据来看，此期间个别年份还经历了较大幅度的波动。而同期城镇职工平均月工资则由1985年的96元上升到了1995年的458元[①]，略低与农民工的工资水平，但是增幅大致相当，表明在早期，外出农民工的工资收入达到了城镇职工的平均收入水平。值得指出的是，这一时期的城镇职工平均货币工资虽然比农民工的工资低，但是其能够获得的额外福利待遇是货币工资无

① 城镇职工平均工资数据取自《中国统计年鉴1999》中的职工年平均货币工资（表5－18），分解为月工资水平。

法体现的。

第二阶段为 1995—2002 年，农民工月工资年均增速变缓，从前期的 6.17% 下降到 2.4%，月工资收入也仅从 1995 年的 483.5 元上升到 628.80 元。而与这一时期的工资下降相伴随的是农民工的流动也经历了一次回流潮。这一时期也是城镇职工工资收入与农民工工资收入开始分化的阶段，同期城镇职工的月平均工资收入从 1995 年的 458 元快速增加到 2002 年的 1031 元，达到农民工工资的 1.64 倍。农民工群体和城镇职工的收入水平开始分化。

第三阶段为 2002—2008 年的增速回升阶段。在民工荒到来之前，随着城镇化进程的加快发展，前期城镇企业中下岗再就业职工的逐步安置和消化，城镇企业对于农民工的需求又开始上升，同期农民工月工资收入也从 2003 年 806 元，提高到 2008 年的 1180.50 元，年均增速达到 4.56%。与同期城镇职工的月平均工资相比，这一增幅仍然不高，2008 年城镇从业人员的月平均工资达到了 2408 元，较 2002 年年均增速在 10% 以上，与农民工的工资收入之间的差距进一步拉大。

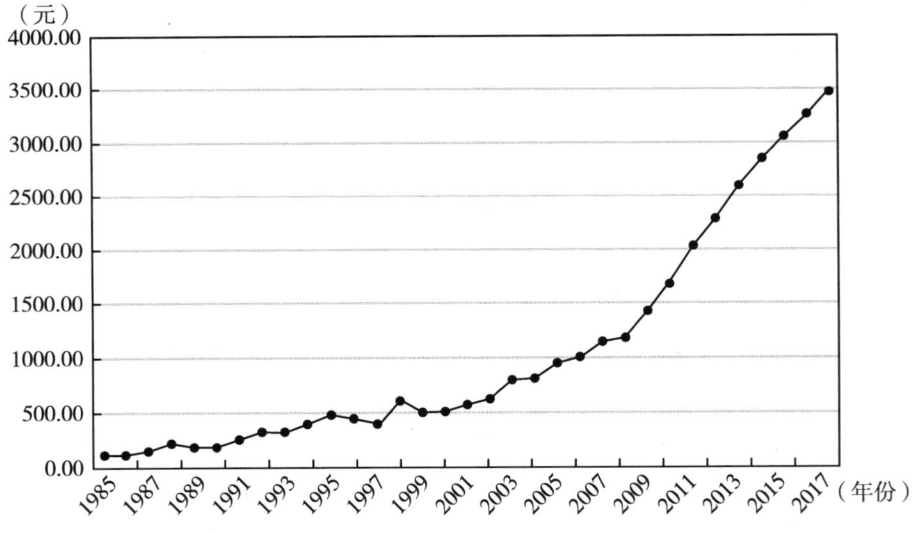

图 2－3　农民工月工资收入

资料来源：1985—2008 年取自卢锋（2012），2009—2017 年取自历年《全国农民工监测调查报告》。

第四阶段为 2008 年至今的快速增长阶段。农民工月工资年均增速达到 5.2%，月工资增加到了 2017 年的 3485 元，而 2016 年城镇从业人员月工资水平为 5631 元。这段时间，从纵向比较来看，农民工工资增长速度很快，甚至超过了全国城镇单位就业人员工资的增长速度，但受前期低基数影响，农民工工资仍比全国城镇单位就业人员工资低，但两者的差距从 2008 年的 2.04 倍缩窄到 2016 年的 1.72 倍。这一时期，两类劳动者之间的收入不平等的差异在缩小。

整体来看，与城镇就业人员的工资水平相比，20 世纪 80 年代和 90 年代前期的农民工工资水平并不低于城镇正式职工的工资，实际上在某些年份甚至较城镇职工工资为高。但自 90 年代后期开始，这一现象被逆转。图 2 －4 给出 2000 年以来，农民工和城镇就业人员工资增速以及农民工月工资与城镇就业人员月工资的相对比值。可以证实自 2000 年以来，农民工的月工资仅相当于城镇就业人员月平均工资的 2/3 左右，并且呈现逐渐降低的趋势，在 2008 年达到最低值，不到城镇就业人员月平均工资的 1/2，大部分农民工的收入水平与城市居民中的低收入群体相当。这表明从 90 年代后期开始，农民工的年均工资增速就逐步开始低于城镇就业人员平均工资的年增速水平了①。而 2008 年开始的工资

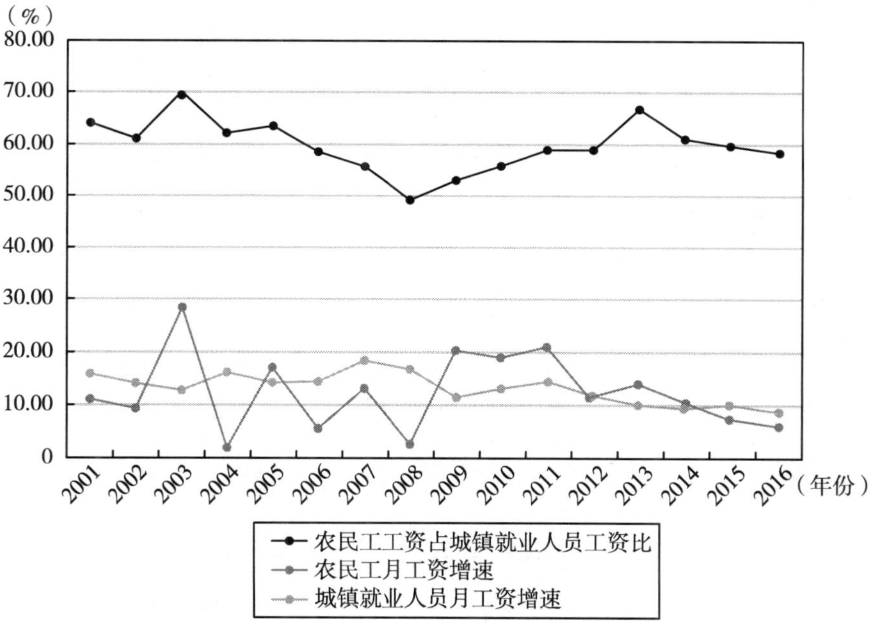

图 2 －4　农民工月工资与城镇就业人员月工资增速与比较（2001—2016 年）

资料来源：2008 年之前的农民工月工资数据取自卢锋（2012），2008 年之后的农民工月工资数据取自历年《全国农民工监测调查报告》；城镇就业人员月工资根据《中国统计年鉴 2017》中的城镇化就业人员平均工资计算得到。

① 需要指出的是，在统计城镇就业人员时包含了农民工，这表明本书所计算的这一比率实际上高估了农民工收入的相对水平。

快速增长，才使得农民工的相对工资水平得以改善。但从近年来的趋势看，农民工与城镇就业人员的工资增速差又呈现出扩大趋势。

此外，受城乡体制差异和市场分割因素影响，农民工与城镇其他就业人员相比，在住房、医疗、子女就学等方面还存在非常大的利益差别，工资水平也并未全面反映两类劳动者在工时长短、工作性质和稳定性等就业条件方面的差异。可以认为，在90年代中期以前，农民工相对于城镇其他就业人员的高名义工资，并不意味着其获取的福利待遇就会高于城镇其他就业人员。而90年代后期开始，随着工资水平的落后，农民工的实际福利待遇全面低于城镇从业人员。

2.5.2 农民工工资结构分析

绝大多数的农民工主要从事的是城市中的非正式就业，其所从事的大多行业平均工资水平较低，并且与行业内的其他从业人员之间存在一定的工资差异。

表2－13给出了2011年以来我国分行业农民工工资水平变动情况。各行业农民工的月工资水平存在一定的差异，但在所分析的期间均有不同程度的增长。从月平均工资金额来看，交通运输、仓储和邮政业的月工资最高，在2017年达到4048元，而住宿和餐饮业最低，仅为3019元，是交通运输、仓储和邮政业月工资水平的74.6%，其余行业介于这两个行业之间。整体来看，除交通运输业外的其他三类生活服务业的工资水平差异不大。建筑业的工资水平略低于交通运输业，而制造业的农民工工资位于上述行业的中间。

表2－13　分行业农民工与城镇职工工资情况（2011—2017年）

单位：元

农民工 / 年份	制造业	建筑业	批发和零售业	交通运输业	住宿和餐饮业	居民服务业
2011	1920	2382	2024	2485	1807	1826
2012	2130	2654	—	2735	2100	2058
2013	2537	2965	2432	3133	2366	2297
2014	2832	3292	2554	3301	2566	2532
2015	2970	3508	2716	3553	2723	2686
2016	3233	3687	2839	3775	2872	2851
2017	3444	3918	3048	4048	3019	3022
平均增速	9.74%	8.29%	6.82%	8.13%	8.55%	8.40%

续表

城镇职工 年份	制造业	建筑业	批发和零售业	交通运输业	住宿和餐饮业	居民服务业
2011	3055	2294	3388	3923	2291	2764
2012	3471	2675	3862	4449	2606	2928
2013	3869	3040	4192	4833	2837	3202
2014	4281	3506	4653	5285	3105	3490
2015	4610	3817	5027	5735	3401	3734
2016	4956	4340	5422	6138	3615	3965
平均增速	9.67%	12.75%	9.40%	8.95%	9.13%	7.21%

注：交通运输业为交通运输、仓储和邮政业，居民服务业为居民服务、修理和其他服务业。

资料来源：2011—2017 年农民工分行业工资数据取自历年农民工监测报告，2011—2016 年城镇职工分行业工资数据取自历年《中国统计年鉴》，并将年平均工资分解为月平均工资水平。

从增速看，这一时期制造业的工资增幅最高，年均增长率为 9.74%，当然这也和期初该行业农民工的月工资水平基数较低有关。其他行业也表现出类似特征，农民工月工资水平较低的行业，其在这一时期的增幅就较高。

与城镇同行业从业人员的平均工资相比，农民工的工资普遍低于该行业的平均水平，并且工资增速也相对较低。以交通运输业为例，虽然这一行业的从业农民工的工资相比其他行业的农民工而言是最高的，但是与交通运输业内的其他从业人员相比，农民工的相对工资呈现下降状态。2011 年交通运输业的农民工工资水平是该行业城镇职工平均工资水平的 77.2%，而到 2017 年，仅为该行业城镇职工平均工资水平的 61.5%。这可能部分反映出该行业近年来的发展主要以更高技术要求的细分行业为主，而农民工在这类高技术细分行业中缺乏竞争力，其工资水平虽然较其他行业的农民工要高，但这是由该行业自身的特性决定的。

对此分析的一个佐证是建筑业的工资水平，可以证实，作为吸纳农民工就业的主要行业，从事建筑业的农民工在 2016 年的月工资水平是该行业城镇职工平均工资的 85%，这部分说明了建筑业中农民工的从业人数占整个建筑业从业人数的比重较大。这与前文的分析也是一致的。其他行业也表现出类似的特征，越是低技术要求的行业，农民工就业的比重就越大，相应的工资水平就越接近该行业的城镇职工平均工资水平。

农民工工资水平不仅低于城镇职工平均收入水平，还明显的低于其他流动人口的工资水平。而且这种工资水平的差异，在同类学历、同类职业、同一性别等情况下均存在。表 2－14 列出基于 2011 年卫计委“全国流动人口监测数据”所计算的两类流动人口的工资情况，可以发现，仅小学及以下的农民工的月工资水平高于非农流动人口。除此之外，无论是按照受教育程度、职业还是性别来划分，农民工的月工资水平均低于同期非农流动人口的工资。

表 2－14　分学历、职业、性别的农民工和非农流动人口工资比较（2011 年）

	两类流动人口	农民工月工资（元）	非农流动人口月工资（元）	农民工工资占非农流动人口工资之比
受教育程度	小学及以下	2128.8	2049.7	103.9%
	初中	2306.7	2434.4	94.8%
	高中	2525.6	2886.1	87.5%
	大专及以上	3298.8	4382.1	75.3%
职业	国家机关/党群组织/企事业负责人	3481.1	5484.7	63.5%
	专业技术人员	2965.0	4444.7	66.7%
	办事人员和有关人员	2679.8	3749.4	71.5%
	商业、服务业人员	2167.8	2817.0	77.0%
	农林牧渔水利业生产人员	1916.2	2194.8	87.3%
	生产、运输设备操作人员	2352.3	2690.2	87.4%
	无固定职业	1853.2	1954.6	94.8%
	其他	2177.3	3174.0	68.6%
性别	男	2632.7	3849.7	68.4%
	女	2069.0	2963.9	69.8%

资料来源：孙凤（2017）表 3－12，表 3－13，表 3－15。

图 2－5 给出了农民工月工资水平的分区域分布情况。分区域来看，受区域经济发展水平和区域内平均工资的影响，东部地区的农民工工资水平要高于中西部地区，但是中部地区的农民工工资水平和西部地区基本没有差别，在个别年份还略低于西部地区的平均工资。这种区域间的工资差异和全国城镇职工工

资的区域分布情况基本一致。

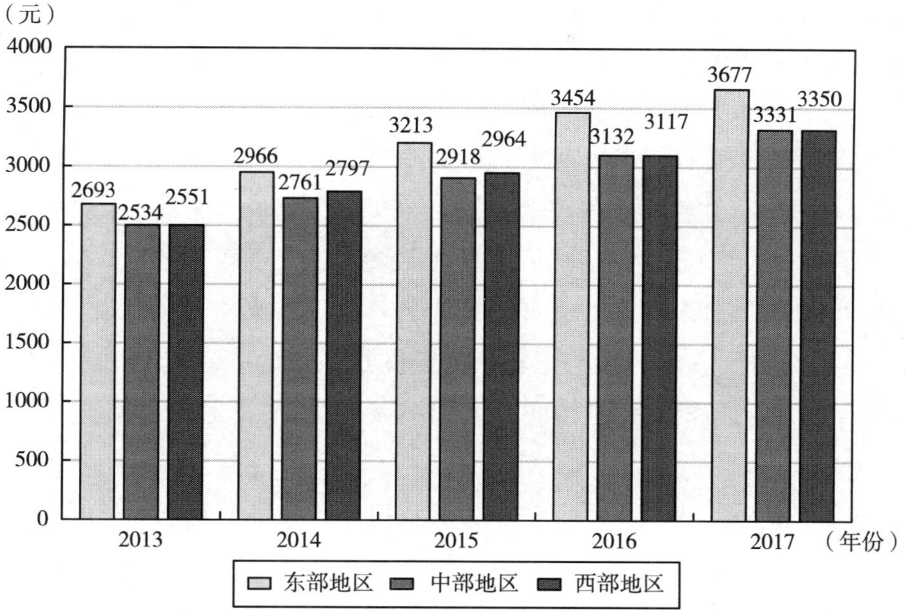

图2－5　分区域农民工月工资情况（2013—2017年）

资料来源：历年农民工监测报告。

2.6　小　　结

第2章的研究证实了农民工的迁移行为与农民工的流动规模是与我国城镇化的发展相伴随的。结合城镇化的发展态势，农民工的流动分为四个阶段，分别是20世纪90年代中期，我国城镇化初期农民工外出的兴起阶段，1996—2001年城镇化加快推进时期的农民工缓慢增长阶段，2002—2008年城镇化快速发展时期的农民工逐步半市民化阶段以及2008年以来在新型城镇化建设下的农民工转移阶段。

在此基础上，本章通过对新型城镇化建设时期，农民工人口结构和社会特征的分析，证实了农民工的平均年龄在趋于上升，与全国就业人口的平均年龄上升是一致的。而随着农村居民受教育水平的提升，农村居民最早进入农民工行列的年龄在增大，而随着全社会人口老龄化的蔓延，老龄农民工退出农民工行列的年龄也在后延。与全国平均受教育水平趋于上升相似，农民工群体的受教育水平也在提高，主要源于新增农民工的受教育水平高于退出农民工行列的老龄农民工。分类型来看，农民工群体的受教育程度要高于乡村人口的平均受教育水平，但是较城镇人口的受教育水平为低。外出农民工中大专及以上受教育水平的比例在上升，而本地农民工中小学文化程度的占比则出现增加。

分区域来看，东部地区输出的农民工最多，但增速在减缓，同时东部地区也是农民工就业的首选区域，输入农民工最多，但是近年来占比略有下降。中部地区的外出农民工数量和比重均出现上升。分类型来看，东、中、西部地区农民工中留在本区域内的农民工和外出农民工人数的变动趋势基本一致。外出农民工的省内转移趋势更为明显，跨省流动的农民工仍以流向东部地区为主。

从农民工的流动地点来看，长三角、珠三角和京津冀地区是东部农民工务工集中地。而大城市和发达城市是外出农民工的主要务工目的地。直辖市平均吸纳的外出农民工最多，而省内乡外农民工的流动目的地主要为县级市和建制镇。

农民工的就业仍以技能要求较低和劳动强度较高的制造业、建筑业和生活服务业为主，在二三产业的就业比重大致相等，但是建筑业和批发零售业的就业比例在近年来上升较快。从区域就业来观察，从东向西，第三产业的就业比重逐步增加。东部地区从业的农民工以第二产业就业为主，中部地区两类产业从业比重大体相同，西部地区则以第三产业为多。

对农民工工资收入变动的分析，可以证实其收入增速的变动与农民工的流动阶段具有相似性，分别经历了1995年之前的较快增长阶段，1995—2002年的缓慢增长阶段，2002—2008年的增速回升阶段和2008年开始的快速增长阶段。而其与城镇职工工资水平的差异则经历了U形变动关系，从略高于城镇职工工资到仅为其收入水平的一半，再到逐步提升到其2/3的水平。

分行业来看，交通运输业的农民工工资收入较高，而批发零售、住宿餐饮等生活服务业的从业农民工工资水平较低。与城镇从业人员平均工资相比，农民工的工资水平在各行业中仍然处于中等偏下的水平，进一步证实了其在行业内部从事的是较低职位和较低技能水平的工作。即使仅仅从流动人口内部来分析，农民工的工资水平仍然要较非农流动人口为低，这种相对较低的收入水平并不会因农民工的受教育程度、所从事的职业及其性别特征而改变。

附表　　　　　　　　　农民工收入调查汇总

年份	月工资（元）	调查范围	调查机构	说明（文献）
1992	300	山东省桓台县外出农民工	国务院发展研究中心农村部	农民流动与乡村发展课题组（1999）
1992	300	四川省大竹县 10 万外出农民工	中国社会科学院	中国社会科学院农村发展研究所和国家统计局农村社会统计司（1993）
1993	300	28 个县市		农村剩余劳动力转移与劳动力市场课题组（1995）
1993	311	河南省 9976 人	河南省农调队	齐同现（1995）
1993	365	26 省 1.4 万农户	中国农业银行总行调查系统	中国社会科学院农村发展研究所、国家统计局农村社会经济统计司（1994）
1994	287	242 名到成都打工者	个体调查	袁亚愚（1994）
1994	341	29 省（区、市）	农村固定观察点办公室	张晓辉等（1997）
1994	427		实地调查	杜鹰和白南生（1997）
1994	448	川粤鄂等 8 省 4000 个农户	劳动部就业司	翟燕立（1996）
1995	491			杜鹰和白南生（1997）
1995	495	29 省（区、市，不含西藏）16.1 万农户，32.8 万个农村劳动力	抽样调查（国家统计局农调队）	范小玉（1997）
1995	538	济南市农民工	个体调查	蔡昉（2001）
1995	551.8	北京、深圳、武汉、苏州 2873 名农民工	个体调查	张小建和周其仁（1999）
1996	590	29 省（区、市，不含西藏）16.1 万农户，32.8 万个农村劳动力	抽样调查（国家统计局农调队）	范小玉（1997）
1997	460	31 省（区、市）6 万多农户，约 15 万个农村劳动力	抽样调查（国家统计局农调队）	范小玉（1998）

续表

年份	月工资（元）	调查范围	调查机构	说明（文献）
1997	623	上海 17 区（县）1845 名流动人口	个体调查	吴维平和王汉生（2002）
1998	585	广东和北京 690 名农民工	个体调查	张兴华（1999）
1998	587		抽样调查（国家统计局农调队）	
1999	426	安徽、四川 4 县 305 名农民工	个体调查	白南生和宋洪远（2002）
2001	550		农业部固定观察点	陈良彪和张晓辉（2003）
2001	583	重庆 1800 户农户	重庆市农调队	重庆市农村社会经济调研队（2001）
2001	644			
2002	548	31 省（区、市）2000 个农民工家庭	中国家庭收入调查	丁浩（2018）
2002	640	31 省（区、市）6.8 万农户		国家统计局农村社会经济调查总队（2004）
2002	656	1361 名农民工	个体调查	章元等（2008）
2002	734	湖南邵阳	个体调查	周符波（2003）
2003	528	25 省（区、市）1.5 万农户	农业部农村固定观察点	江文胜（2004）
2003	690	31 省（区、市）6.8 万农户		国家统计局农村社会经济调查总队（2004）
2003	830	广东 6 县 242 名农民工	广东省农调队	陈建贤和傅晶蔚（2005）
2003	1064	北京、石家庄、沈阳、无锡和东莞等 5 城市	个体调查	高文书（2006）
2004	802	30 省（区、市）2 万农户	农业部农村固定观察点	江文胜（2006）
2004	780	31 省（区、市）6.8 万农户	抽样调查（国家统计局农调队）	国家统计局农村社会经济调查司（2005）

续表

年份	月工资（元）	调查范围	调查机构	说明（文献）
2004	824	广东省	广东省农村社会经济调研队	广东省农村社会经济调研队（2004）
2004	877	广东 6 县 242 名农民工	广东省农调队	陈建贤和傅晶蔚（2005）
2004	969	皖鲁赣等 6 省 2654 户农民工家庭	中国人民银行调查统计司	中国人民银行调查统计司课题组（2008）
2005	852	30 省（区、市）2 万农户	农业部农村固定观察点	江文胜（2006）
2005	861	31 省（区、市）6.8 万农户	抽样调查（国家统计局农调队）	国家统计局农村社会经济调查司（2007）
2005	926	珠三角地区 9 城市	个体调查	城市化进程中的农民工问题课题组（2006）
2005	979	河南等 4 省农村外出务工人员	抽样调查	寇荣等（2007）
2005	1026	阜阳市外出农民工	个体调查	王文信和徐云（2008）
2005	1033	皖鲁赣等 6 省 2654 户农民工家庭	中国人民银行调查统计司	中国人民银行调查统计司课题组（2008）
2005	1045	25 省（区、市）5130 名农村外出务工人员	劳动和社会保障部	劳动和社会保障部专题调研组（2007）
2005	1151	上海等 12 城市	中国社会科学院人口与劳动经济研究所	王德文等（2008）
2005	1192	珠三角和长三角	个体调查	万向东和刘林平（2007）
2005	1211	江苏省八城市 1816 名农民工	个体调查	严翅君（2007）
2006	830	甘肃省兰州市	个体调查	张咏梅和肖敏霞（2008）
2006	870	成都市农民工	个体调查	蒋远胜和申志伟（2008）
2006	936	甘肃农村	个体调查	柳建平和张永丽（2009）
2006	946	31 省（区、市）6.8 万农户	抽样调查（国家统计局农调队）	国家统计局农村社会经济调查司（2007）
2006	958	30 省（区、市）2 万农户	农业部农村固定观察点	江文胜（2007）

续表

年份	月工资（元）	调查范围	调查机构	说明（文献）
2006	966	2.9万农民工	国家统计局	国家统计局（2006）
2006	984	宁波805名农民工	个体调查	潘冬青等（2008）
2006	1070	上海等5城市	个体调查	黄乾（2009）
2006	1093	珠三角地区9城市	个体调查	城市化进程中的农民工问题课题组（2006）
2006	1100	珠三角农民工	个体调查	刘林平和张春泥（2007）
2006	1100	北京等4城市	个体调查	农民工城市贫困项目课题组（2008）
2006	1151	珠三角和长三角	个体调查	万向东和刘林平（2007）
2006	1226	25省（区、市）5130名农村外出务工人员	劳动和社会保障部	劳动和社会保障部专题调研组（2007）
2007	921	郑州农民工	个体调查	涂玉华（2009）
2007	1605	广州等15城市	个体调查	李实和杨修娜（2010）
2007	1187	皖鲁赣等6省2654户农民工家庭	中国人民银行调查统计司	中国人民银行调查统计司课题组（2008）
2007	1060		抽样调查（国家统计局农调队）	国家统计局农村社会经济调查司（2008）
2007	1060		农村固定观察点调查	张合成和刘增胜（2008）
2007	1270	北京城区	个体调查	王子和叶静怡（2009）
2007	1305	武汉等4城市、湖北、河南部分农村765名农民工	个体调查	简新华和黄锟（2007）
2007	1377	31省（区、市）5003个农民工家庭	中国家庭收入调查	丁浩（2018）
2007	1423	杭州就业的浙江籍农民工	个体调查	黄祖辉和刘雅萍（2008）
2007	1480	北京农民工	个体调查	李晓峰等（2008）
2008	1156		农村固定观察点调查	张合成和刘增胜（2009）

续表

年份	月工资（元）	调查范围	调查机构	说明（文献）
2008	1197	28 省（区、市）7139 名居民	第二次“中国社会状况综合调查”	田丰（2010）
2008	1096	7 省（市）12 城市 936 份问卷	个体调查	李凯和曹广忠（2012）
2008	1205		抽样调查（国家统计局农调队）	国家统计局农村社会经济调查司（2009）
2008	1506	31 省（区、市）5191 个农民工家庭	中国家庭收入调查	丁浩（2018）
2009	1328	长三角农民工	个体调查	姚俊（2010）
2009	1348		全国农村固定观察点调查	农业部产业政策与法规司（2010）
2009	1417	31 个省（区、市）6.8 万农户	农民工统计监测调查	国家统计局农村司（2010）
2009	1500	宁波	个体调查	陈民恳（2009）
2009	1899	—	个体调查	谢勇（2010）
2010	1690	31 个省（区、市）6.8 万农户	农民工统计监测调查	国家统计局农村司（2011）
2010	2342	上海 1230 名农民工	个体调查	褚荣伟和张晓冬（2011）
2011	1687	江苏省南通市 414 份问卷	个体调查	吴祁（2012）
2011	2049	31 个省（区、市）近 20 万农村劳动力	农民工统计监测调查	国家统计局（2012）
2011	2495	28 个省（市）1249 份问卷	个体调查（农户）	孔祥利和粟娟（2013）
2012	2290	31 个省（区、市）近 20 万农村劳动力	农民工统计监测调查	国家统计局（2013）
2013	2609	31 个省（区、市）23.5 万农村劳动力	农民工统计监测调查	国家统计局（2014）
2013	3350	宁波市 849 名农民工	个体调查	熊德平等（2014）

续表

年份	月工资（元）	调查范围	调查机构	说明（文献）
2014	2864	31 个省（区、市）23.5 万农村劳动力	农民工统计监测调查	国家统计局（2015）
2015	3072	31 个省（区、市）23.6 万农村劳动力	农民工统计监测调查	国家统计局（2016）
2016	3275	31 个省（区、市）23.7 万农村劳动力	农民工统计监测调查	国家统计局（2017）
2017	3485	31 个省（区、市）23.7 万农村劳动力	农民工统计监测调查	国家统计局（2018）

第3章 农民工消费行为与消费结构分析

截至2017年底，我国农民工的规模已经达到2.86亿，占我国总人口的20.58%。其中，外出农民工为1.72亿，超过城镇人口的1/5，已经成为我国城镇化的重要贡献力量。大规模的农民工所隐含的巨大消费潜力，也使得农民工成为城镇、农村居民之外的消费“第三元”（魏培全，2007）。这种消费潜力来自两个方面，一是，如上章所述，农民工的工资在近年上涨迅速，农民工的规模仍在持续扩大，农民工整体收入总量已经是一个相当大的数额。以2017年的数据推算，外出农民工的年工资总额接近7.2万亿元，潜在消费需求巨大。二是更具现代消费观念和更高消费倾向的80后、90后新生代农民工的数量持续扩大。2017年新生代农民工占比首次过半，达到50.8%，这进一步扩大了农民工群体的潜在消费能力。

从消费行为上看，作为城镇居民与农村居民之间的纽带，农民工的消费模式既不同于传统的农村居民，也和城镇居民存在一定的差异。这就产生了城镇居民到农民工再到农村居民的消费示范效应，从而对消费总量和消费结构产生影响。

自20世纪90年代后期以来，对于农民工消费行为的经验分析形成了非常丰富的研究成果，大量的调查研究对农民工消费活动进行了深入细致地分析。从调查范围来看，现有研究主要依赖于全国性的抽样调查和集中于特定地区的个体调查两种。

不同于对农民工收入水平的监测，对农民工消费行为的全国性抽样调查的发布频率较低。部分研究会根据国家统计局的农民工监测数据和国家卫计委的全国流动人口调查数据，对特定年份的农民工消费行为进行统计分析。这类全国范围抽样调查的优点是较为权威，样本量也相对较大，能够对特定时点的农民工消费水平和消费结构进行一个较全面的截面分析。但相应的缺陷是无法对长时期的、动态的农民工消费行为的演变予以考察。

更多关于农民工消费行为的研究主要依靠学者或科研机构对部分城市的农民工个体调查和访谈。这类研究的优点在于通过集中于特定地区，对该区域内农民工的消费行为进行更为细致的调查，并能够基于研究者感兴趣的研究目的，设计更具针对性的问卷和问题，从不同视角和不同维度丰富了对农民工消费行为的认识。但相应的不足在于研究结论的地域性特征较强，并且部分研究所采用的调查方法和手段存在一定的缺陷。不同研究者对于所使用的经济指标及其衡量方法的理解不完全一致，导致部分研究结果存在较大的争议。此外，这类个体调查往往集中在较为发达的城市，在分析农民工消费行为时，也主要以其所在城市的居民消费水平为参照，未能充分考虑全国性的农民工消费状况。

本章通过将上述两类研究的结果进行整合，通过对现有文献的梳理和总结，在一个统一的框架下，对我国农民工的消费水平及其消费结构的动态演变进行分析，从经济学角度为近年来农民工的消费行为、结构、特征提供一个综合性分析。

本书分两章对农民工的消费行为进行分析，本章是对农民工消费水平和消费结构的讨论，下一章考察农民工消费行为与城乡居民的结构性差异以及城镇居民消费对农民工消费偏好的影响。

3.1 农民工消费水平及其特点

图 3－1 给出 1998 年以来我国农民工月消费支出变动情况。在 2011 年之前，农民工的消费水平呈现出稳定增加的态势，此后增幅趋缓且波动较大。从 1998 年的月均消费 176.5 元，提高到 2016 年的月均消费 1800 元，年均增长 12.2%，高于同期农民工工资收入增幅（8.51%），也高于同期城镇居民人均消费支出增速（8.81%）和农村居民人均消费支出增速（9.75%）[①]。这意味着，近 20 年来，农民工的消费水平不断地向城镇居民趋近。这一整体消费水平的变化，不仅反映了农民工收入水平的提高，也可能表明农民工的城市融入感在增强。

① 详见第 4 章的城乡居民消费与农民工消费的比较分析。

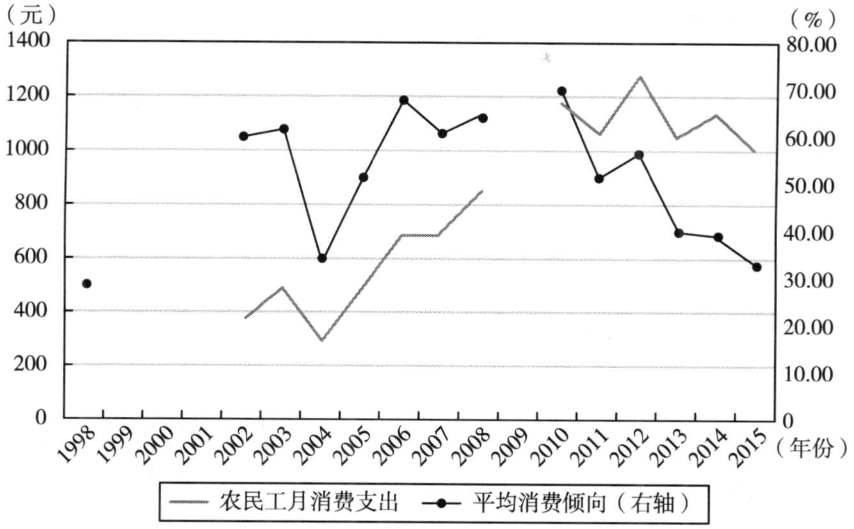

图 3－1　农民工月消费支出和平均消费倾向（1998—2017 年）

数据说明：月消费支出数据由作者根据现有文献整理（见本章附录），同一年存在多个不同地区的月消费水平数据时，以均值表示该年农民工月消费支出。平均消费倾向为农民工月消费支出与月工资收入的比值，月工资收入数据见第 2 章。

从 2000 年以前的农民工月均消费支出来看，1998 年的月均 176.5 元的消费支出，约为城镇居民中中等偏下收入组的消费水平，但高于同期农村居民月均 132.5 元的消费水平。这一消费水平实际上反映了早期农民工以简单消费，节俭生活为主的消费特点（钱雪飞，2003）①。这一时期的农民工在城市中是作为生产者出现的（蔡志海，2003）。农民工自身不认为自己是城市的一分子，他们进城赚钱的主要目的是存钱汇款回家抚养和赡养家乡的孩子和老人，以实现城乡资源的重新配置（孙立平，2003）。李强（2001）以“水渠效应”总结了这一时期的农民工将相当大一部分收入汇回家的现象。

在 2010 年之前的 10 年间，除个别年份外，农民工的平均消费倾向随着其消费支出的增加而逐步上升，达到 0.6 以上（如图 3－1 所示）。这实际上源于两个方面的原因：一是维持农民工生存所必须的基本消费支出存在刚性；二是农民工的月工资水平增幅相对较缓。而自 2011 年开始，农民工的月工资收入增速快速上升，而消费支出的增长相对较缓，虽然其整体消费水平在持续增加，但是平均消费倾向则逐步递减。这也表明，对于农民工而言其整体的消费模式变

① 这一时期的农民工在消费上主张“生活上越俭越好，能剩就剩，多存少花”。

化不大，在满足基本消费需求之后，其收入以储蓄为主，发展型和享受型消费的增加有限。

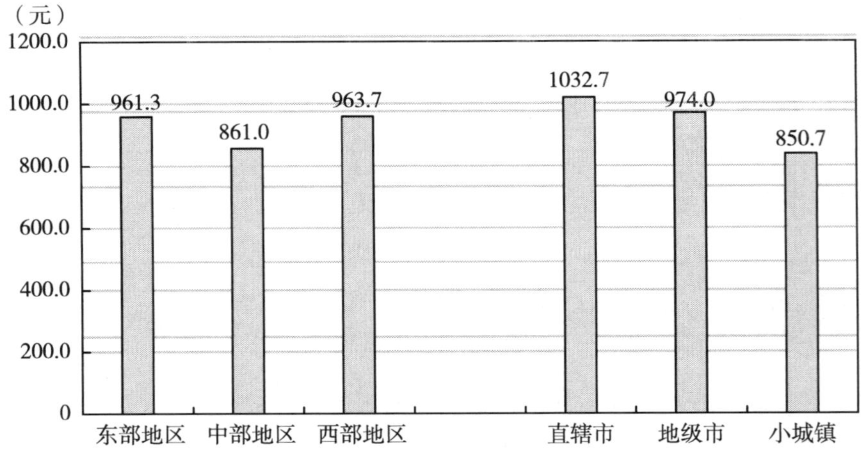

图3－2　分区域、分城市农民工消费支出

注：消费支出为2013—2015年的平均值。直辖市还包括省会城市，地级市还包括副省级城市。

资料来源：历年农民工监测报告。

图3－2列示了2013—2015年按农民工务工的区域和城镇来衡量的消费支出及其差异。各区域间和各类城镇间农民工消费水平的差异有所不同，在区间表现出两边高，中部低的态势。东部地区和西部地区的农民工月消费支出差异不大，而中部地区出现塌陷。从城镇类型来看，则呈现出从大城市到中小城镇，农民工消费依次递减的态势。

更进一步分析，同样可以发现农民工刚性的基本消费支出在不同收入组中都存在。以2007年的农民工调查数据为例，高收入组农民工的收入水平是低收入组的4.88倍，但是两者的消费支出仅相差2.8倍。从各收入组的平均消费倾向来看，除了最低收入组消费倾向为51.64%外，其余各组均低于50%，而最高收入组的平均消费倾向仅为30.13%。这表明农民工随着收入水平的提高，其消费倾向呈现不断下降的趋势，但其平均消费倾向仅为35.91%，在各个收入水平上都要显著低于同期城镇居民和农村居民的平均消费倾向（见图3－3）。这意味着农民工除了维持最基本的生活需要外，基本上不作其他消费，即使是最高收入水平组的农民工，其消费模式也和其他收入组农民工没有明显差别。

整体来看，这一时期的农民工消费具有典型的二元性特征。这种二元性，

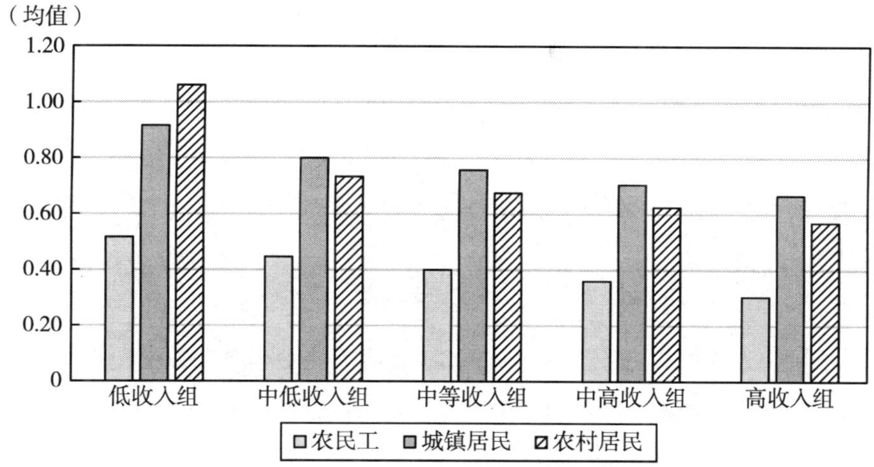

图 3－3　不同收入组居民平均消费倾向（2007 年）

注：城镇居民分组中的低收入组为最低收入组和低收入组的平均，高收入组为高收入组和最高收入组的平均。

资料来源：农民工数据取自国务院发展研究中心课题组（2010），城镇居民和农村居民数据取自《中国统计年鉴 2008》。

一方面体现在农民工消费行为的内在冲突，其既受到农村消费观念的限制，又受到城市居民消费行为的示范（于丽敏，2010），从而体现出“两栖消费”特征，农民工会尝试模仿城市居民消费，但又受到一系列制度因素的制约。另一方面体现在支出方式上的二元性，工资收入同时用于城市消费支出和农村消费支出，从而导致其消费行为与城镇居民、农村居民存在差异（王张明，2015）。

农民工整体消费水平的演变过程，可以证实其消费倾向偏低，几乎没有跨期消费选择，储蓄意识强，借款消费（或提前消费）观念基本不存在，消费主要依赖当期收入，量入为出特征较为明显。

3.2　农民工消费结构与特点

3.2.1　食品消费支出

作为维持生存的基本需要，食品消费在农民工各项消费支出项目中占比最高。表 3 – 1 给出不同年份农民工的恩格尔系数和食物消费支出占收入比重的变动情况。

从数据上看，农民工的恩格尔系数变化也可以分为两个阶段，在 2003 年之前这一系数值基本在 0.4 以下，而在 2003 年以后则普遍高于 0.4，甚至个别年份达到 0.66 的水平。恩格尔法则认为随着收入的不断增加，食物消费支出的绝对数递增，但恩格尔系数（食物消费支出占消费支出的比例）是逐渐降低的。这一法则在时间序列上成立，比如城镇居民家庭恩格尔系数从 1997 年的 0.467 逐步减少到 2012 年的 0.362，年人均食品消费支出则从 1942.6 元提高到 6040.9 元；农村居民家庭恩格尔系数则相应的从 0.551 降低到 0.393，年人均食品消费支出也从 890.3 元增加到 2323.9 元。

恩格尔法则在截面上也同样成立，以同一时期城乡居民的消费状况为例。2012 年城镇居民年人均可支配收入为 24564.7 元，高于农村居民 7916.6 元的年人均纯收入，城镇居民的年食品消费支出绝对数为 6040.9 元，也高于农村居民 2323.9 元的水平，城镇居民的恩格尔系数（0.36）低于后者（0.39）的水平。

而农民工的恩格尔系数则表现出与此相反的特征。从时间序列来看，其绝对数在增加，但是系数也更高了，从此前的 0.4（2002 年）提高到 0.66（2012 年）。而从截面数据来看，早期的农民工恩格尔系数则还表现出另一个悖论，即农民工的平均可支配收入低于城镇居民平均水平，但恩格尔系数（0.41）既低于城镇居民，又较农户为低，比如徐志旻（2004）对福州市农民工家庭的消费调查就发现，2003 年农民工家庭的恩格尔系数为 0.45，比 2002 年福州市区城镇居民的恩格尔系数（0.46）略小，但与市区农户（0.55）有较大差距。

这一恩格尔悖论实际上反映了民工在食品消费上的不协调，对这种不协调的一个可能解释是农民工食品消费的品质在这一时期逐渐发生了变化。在早期，农民工消费中即使仅维持基本生活，其也需要最基本的食品消费支出，这决定了农民工食品消费支出的最低要求。这一点也可以从农民工食物消费方式上得以证实。早期调研均发现，农民工的就餐方式主要是在就业单位食堂就餐和自己做饭，外出就餐占比仅在 10% 左右（吴祁，2012；王张明，2015）。

而在 2006 年后，几方面的因素带动了农民工食品消费支出的增加，一是食品价格水平的上升，提高了维持基本食品消费所必须的支出；二是农民工收入水平的上升，带动了农民工食品消费品质的提高，包括去餐馆就餐的次数和购买更高品质食品的金额两方面的增加，消费品质的改变，自然带来食品消费支出占比的上升；三是农民工的消费观念的变化，特别是新生代农民工的比例增加，其相对更靠近城市的消费观念也会带来农民工食品消费支出占比的上升。

表 3－1　　农民工恩格尔系数和食物消费占收入的比重变动

年份	恩格尔系数	食品消费占收入比重	备　　注
1997	0.41		张兴华（1999）
2002	0.40	0.24	丁浩（2018）
2003	0.35	0.18	钱雪飞（2003）（南京）
2004	0.57	0.20	农民工城市反贫困课题组（2008）
2005	0.61	0.25	王曼（2005）
2006	0.31	0.28	刘靖（2013）（北京）
2007	0.59	0.45	明娟和曾湘泉（2014）
2007	0.57	0.21	国务院发展研究中心课题组（2010）
2008	0.42	0.27	唐有财（2009）
2010	0.57	0.40	诸荣伟和陈晓冬（2011）
2011	0.39	0.15	冷雄辉和易娜（2012）
2012	0.50	0.25	常韬等（2013）
2012	0.66		钱文荣和李宝值（2013）（全国）
2013	0.44		熊德平等（2014）（宁波）
2016	0.27	0.15	王艳萍（2018）

除消费品质和农民工自身消费结构的变化外，另一个可能的解释是农民工的收入需要同时支持农村家庭和城镇个体两方面的消费，在计算其城镇消费的恩格尔系数时，采用剔除汇回家乡的收入后的余额作为可支配收入的计算是合适的①。而一旦使用总收入，则应该考虑农村家庭的消费支出，这样可以确保恩格尔法则的成立。

当然，这种不协调也可能反映了不同调查者在数据理解上的差异，特别是作为分母项的收入的界定。部分研究将收入界定为可支配收入，剔除了农民工

① 需要注意的是，即使剔除掉汇回家乡的收入，也不意味着这部分收入全部用于消费。一些研究也证实，在这种情况下，农民工仍然会储蓄其中的一部分。

汇回家乡的收入，从而得到一个略高的恩格尔系数；而部分研究则用农民工的全部收入作为分母，从而得到一个明显更低的恩格尔系数。

3.2.2 居住消费支出

居住消费是各项消费支出最具有显示意义的消费行为。住房是农民工在城市的“栖身之所”，是其城市生活中弥合社会分割和加速社会融合的中间机制（郑思齐等，2011）。与城镇居民在住房方面享受的福利相比，农民工在城市的住房支出均为自费；与城镇居民的住房同时兼具生活必需品和投资品属性不同，农民工在务工地的住房主要体现为生活必需品性质。

作为农民工在城市生活、工作必须的一项支出，居住消费占到农民工月收入的10%左右。与食品消费类似，农民工在务工地城镇的居住消费支出与其收入水平间也具有一定的不协调性，并且农民工的低消费倾向特征也使得其住房边际消费倾向较城镇居民或农村居民更低（熊德平等，2014）。

农民工的居住消费中，无论是老一代农民工还是新生代农民工，租赁和单位提供住房是其主要的居住模式。受户籍和城乡二元结构的影响，农民工的住房消费自身也经历了变动。租房是农民工的主要居住方式。上海是最早向农民工开放房屋租赁市场的城市。其在1987年颁布了针对流动人口租房的第一个法规，并在2000年进行了修订（吴维平和王汉生，2002）①。北京在1995年颁布了有关流动人口租房的法规。此后，其他城市也制订了相似内容的管理办法。

单位提供住房是除了租赁以外的另一个解决流动人口住房问题的途径。为农民工提供基本的住房和服务，对城市而言，创造了一个易于控制的工作和居住环境（吴维平和王汉生，2002），对农民工而言，则享有一种更为经济而便利的居住形式（农民工城市贫困项目课题组，2008）。

但是，上述农民工住房管理文件的制定和颁布，主要目的是维护社会治安，其次才是保证农民工的居住条件和租赁权利。相对于农民工有限的收入水平，

① 在2000年前后，上海还实行过区、乡管理的流动人口大院，利用空闲房屋来管理流动人口。如吴维平和王汉生（2002）就提及在浦东钦洋镇由镇政府管理的流动人口大院，它可以容纳1500—2000个居民，并拥有一个社区活动中心、一个小诊所和一个由29人组成的社区治安队。大院接纳在附近单位工作或已在较长时间内从事小买卖的流动人口。由于相对低的房租，目前大院里已经住进了超过2/3的房客，房客既面向流动人口家庭，也提供给单身流动人口租住。

其住房环境和质量均相对较差。

农民工居住条件的主要特征之一是住房面积小，且地区间差异不大。2000 年上海和北京的农民工人均住房使用面积分别为 8. 1 平方米和 7. 1 平方米，人均住房面积仅为城市居民的 1/3，仅为家乡自有住房面积的 1/4；2003 年福州市受访农民工家庭的人均居住面积为 10. 31 平方米；2006 年兰州市农民工的人均居住面积为 10. 8 平方米，仅为全国平均水平的 2/5 左右。2012 年武汉市农民工的人均居住面积为 10. 74 平方米。2017 年全国农民工的人均居住面积增加到 18 平方米。其中，农民工的居住条件和务工城市的规模成反比，特大城市、大城市往往人口密度较高，住房租赁价格也较高，农民工的住房问题也更为严峻；而中小城市和城镇人口密度一般较低，住房租赁价格也较低，农民工的住房问题相对来说不那么突出。这也部分解释了基于全国农民工的调查结果与基于特定城市的调研结果间的差异。

表 3－2　　农民工住房情况（1999—2015 年）

年份	租房和单位提供			其他	备注
	合计	租房	单位提供		
1999		50%			上海、北京（吴维平和王汉生，2002）
2000		50%			同上
2006		87. 40%			兰州
2008	87. 40%	35. 50%	51. 90%	12. 60%	全国
2009	86. 40%	34. 60%	51. 80%	13. 60%	全国
2010	86. 00%	34. 00%	52. 00%	14. 00%	全国
2011	82. 10%	33. 60%	48. 50%	17. 90%	全国
2012	82. 00%	33. 20%	48. 80%	18. 00%	全国
2013	83. 00%	36. 70%	46. 30%	17. 00%	全国
2014	82. 00%	36. 70%	45. 30%	14. 30%	全国
2015	81. 60%	37. 00%	44. 60%	15. 30%	全国

注：2008 年以后数据均来自历年农民工监测报告。

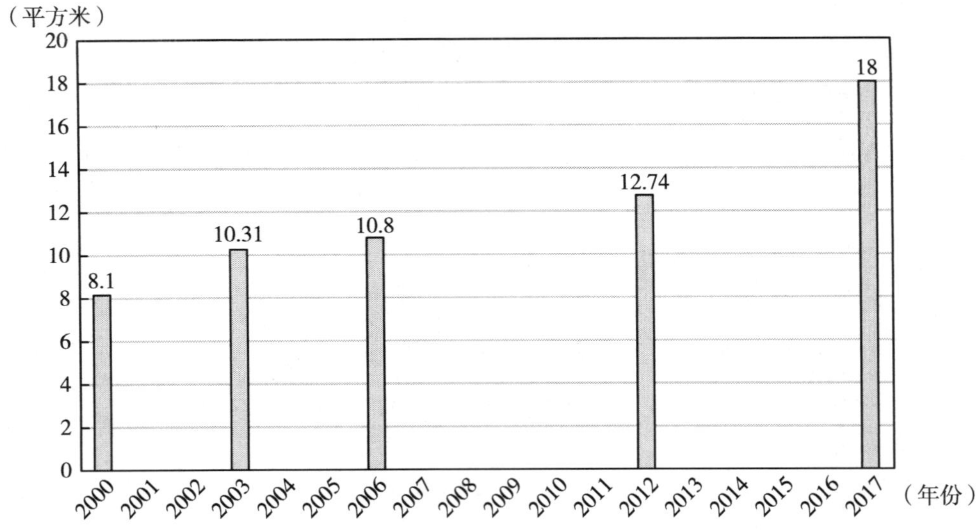

图 3－4　农民工人均居住面积变动

资料来源：2000 年取自吴维平和王汉生（2002），2003 年取自徐志旻（2004），2006 年取自张咏梅和肖敏霞（2008），2012 年取自韩俊强（2013），2017 年取自国家统计局（2018）。

居住条件的另一个特征是简陋。流动人口主要居住在没有厨房和厕所的房屋中。2003 年福州市受访农民工家庭中 67.2% 没有独立的厨房或者卫生间；2006 年兰州市农民工的居住情况调查显示 75% 左右的租房农民工没有独立的厨房或者卫生间。

在考虑住房时，以房租和上下班的交通便利程度为主要考量因素，住房面积和住房条件相对次要。因此，城乡结合部或市郊的住房，成为农民工租住的聚居地（董昕和张翼，2012）。而随着城市棚户区改造的不断推进，农民工的租住地越来越远。

单独外出农民工较小的人均住房面积和较为简陋的居住条件，部分反映了其将自己视为城市过客的心理态度。这也决定了其在住房决策和住房相关耐用品的消费支出上具有与举家迁移农民工不同的行为。一方面，收入增加对住房消费增长的刺激作用远小于对其他消费增长的刺激作用。随着收入增加，农民工更倾向于将所增加的收入储蓄起来或投入子女教育等其他消费项目中去。另一方面，农民工对住房的要求仅仅是能够短期居住，而不会进行功能提高和改进等过多的投入。这直接表现为农民工在城镇居住时耐用消费品和家庭服务需求较弱，家庭设备及服务类支出较少。这种现象在 10 余年间基本未出现大的变化，比如 1998 年对广东和北京四市农民工的调查显示，家庭设备及服务支出几乎为 0（张兴华，1999）；2013 年对宁波市农民工的调查显示，家庭设备及用品支出仅占农民工消费支出的 3% 左右（熊德平，2014）。

举家迁移农民工的耐用消费品消费支出则相对较高，他们会配备自行车、电视和手机等必要的家庭设备。2003 年福州市农民工家庭设备用品支出占消费支出的比重为 5%（徐志旻，2004）。2007 年农民工家庭的耐用品支出占比为 14%（明娟和曾湘泉，2014）。但是，农民工在打工地的家具和电器普及率甚至要低于农村居民。基于这一分析，仅从消费结构来考察，可以预计推进农民工市民化会使得耐用品消费支出出现较大程度的增长。如果家庭中有学龄子女，那么，农民工家庭在住房消费时还要考虑子女教育支出及其预期对住房消费的影响。家庭同住人数直接决定了居住所需的最小面积，从而影响到住房消费量。在收入水平既定的情况下，如果家庭同住人数多、居住所需面积大，则农民工家庭将倾向于选择位置或条件较差而租金水平较低的住房。

农民工的住房消费行为还受到生活标准与地位评价标准的制约。在农村，房子不仅是地位的象征，而且是农民的“生活标准”，尽管农民工从农村来到城市，但是，他们消费的主要参照群体在家乡（冯桂林和李淋，1997）。老家的住房和土地是农民工家庭的一种保障，老家的住房也是农民工家庭住房消费的一个组成部分，在一定程度上形成了其在流入地住房消费的替代。这就使得农民工的住房属性还具有城乡双重住房消费属性，表现为在务工的城镇租房，回家乡购（建）房。

3.2.3　教育支出

教育支出对农民工消费行为的影响，主要体现在两个方面：一方面是农民工自身的培训支出；另一方面是对子女的教育支出，这是农民工最为关注的问题之一。子女教育支出占农民工消费支出的比率大约在 15% 左右（徐志旻，2004；孔祥利和粟娟，2013），仅次于食品和住房支出，并且子女在城市学校就读的比例呈逐年增加趋势。以 2011 年为例，在对受访对象子女学校的调研中，56.4% 的孩子在公办学校，9.4% 的孩子就读于农民工子弟学校，13.8% 的孩子在乡下学校，5.6% 的孩子在城市民办学校读书。这远高于 20 世纪 90 年代，28% 的农民工子女在城市就读的水平。

分时期来看，一方面，当期的子女教育支出构成农民工消费支出的主要部分；另一方面，未来的子女教育支出也是农民工储蓄的主要目的，这也反映了农民工面临的教育支出的不确定性。

从外出农民工构成来区分，与单独外出农民工相比，举家迁移农民工更重视子女教育，但户籍约束所导致的较高城镇教育成本，使举家迁移农民工需要进一步减少其他消费支出，以满足子女教育支出的需要。相对城市居民在子女教育上的支出来说，他们的支出则相对较少，而相对农村居民家庭来说，他们的投入又非常高。

户籍制度的约束也在一定程度上改变了农民工子女的教育模式。一方面农民工通过自身储蓄来缓解子女教育支出不确定的冲击；另一方面，他们则选择让子女在家乡入学。但2001年开始的“撤点并校”使留守儿童的上学成本大规模增加，他们或者要选择在家乡的乡镇租房让孩子上学，或者将孩子接到打工地就读，使得子女教育支出上升较快。

子女教育支出也导致了农民工的整体消费水平随年龄呈现倒U形特征。对于单独外出的农民工，其在子女较小时教育支出的压力较低，在食品、衣着等方面的支出比例相对较高。而随着子女年龄增加，农民工消费支出中的教育支出也不断增大，比如2010年对上海农民工的调查证实，80后农民工的子女教育支出月平均值为60.15元，而老一代农民工的子女教育支出每月平均值为212.55元（诸荣伟和陈晓冬，2011）。这一子女教育支出伴随农民工消费支出的时点往往较长，超过其回乡建房以及子女结婚等目标储蓄的时间。而随着这些阶段的完成，农民工也会回到农村，因此农民工在城市的消费支出实际上具有非常典型的倒U形特征。

3.2.4 娱乐支出

休闲与娱乐方式体现了不同社会群体的社会地位，也是观察农民工是否融入城市的一个特征。对第一代农民工的调查普遍证实，农民工的休闲与娱乐项目单调，费用支出少，精神文化生活较贫乏。农民工在娱乐文化上的年支出只有57.8元，大大低于城镇居民（448.4元），甚至也不到农村居民（148.2元）的一半。在支出比例上，农民工文娱支出只占总支出的3.1%，为城镇居民（10.7%）和农村居民（9.2%）的1/3左右，加之农民工主要居住在城市边缘地区，周边缺少适合农民工的娱乐场所，大部分农民工根本没有户外娱乐活动。

这种状况同农民工的年龄结构和收入水平不相称。

看电视或者手机上网分别是第一代和新生代农民工的主要娱乐方式。2006 年对兰州农民工的调查显示，62.6% 的农民工将看电视作为业余生活中最重要的活动，而同期在江苏省，66.13% 的受访农民工拥有手机（严翅君，2007）。2011 年农民工的手机拥有率增加到 86.5%（孔祥利和粟娟，2013）。新生代农民工的手机拥有率为 100%，娱乐方式以手机上网、看电影为主。城镇居民所喜爱的休闲旅游项目，对于半数以上的农民工而言，几乎不考虑。

3.2.5　回乡消费

农民工消费的另一个典型特征是将收入带回家，提高其农村家庭的生活水平。这也导致他们在城市里的生活尽可能节俭，以尽可能带钱回家。2000 年左右的调研显示，75% 的农民工会往家里汇钱，半数农民工会将收入的 40% 汇回家中。汇款支持着和支撑着农民家庭和农村经济，汇款也是农民工和家庭联系的最重要的经济活动之一（李强，2001）。

农民工汇款回乡的消费主要体现在以下三个方面：一是新建位于农村的住房，在许多访谈调查中，农民工均提到收入带回家后，主要用于建房。2010 年 5 月国家人口和计划生育委员会对全国 106 个城市流动人口动态监测的结果表明，在农村户籍的流动人口中，有 23.1% 的人打算在户籍地农村建房，19.2% 的人打算在户籍地城镇买房，两者合计达 42.4%（吴文峰和王建琼，2012）。

二是用于子女教育，对于留守子女的教育支出会直接减少农民工在城市的消费支出。孔祥利和粟娟（2013）的调研证实，有 57.6% 的农民工认为子女教育是家庭储蓄的第一目的。

三是更新农村家庭的家庭用品，提高日常生活消费水平。据 20 世纪 90 年代后期的统计中，农村流动人口家庭耐用消费品的拥有量要高于普通农户，平均每百个流动人口的家庭，有冰箱 5—8 台，而每百个农户仅有 1.6 台。

这种回家消费的特征也使得农民工在老家的留守人员的消费水平处于农村居民中高收入户及以上的水平。2008 年的全国 7 省调研就发现，农民工每年在家乡消费的金额为 5209 元（李凯和曹广忠，2012），介于同期农村居民中等偏上收入户消费支出（4191.3元）与高收入户消费支出之间（6853.7元）[①]。但是防老、防灾等预防自身不确定性事宜的支出事宜往往被农民工安排在相对较为靠后的位置，这可能反映了在当前的收入水平下，农民工尚无能力为上述不确定性事宜进行任何事前安排。

通过上述分析，农民工消费结构基本可以表现为以下几点：

第一，在消费结构上，生存型消费仍占主导，医疗、娱乐等发展型和享受型消费占比较低。生存型消费主要体现为农民工为了满足日常生活而进行的必要支出，主要包括食品、住房、日用品、服装以及交通通信费用等。这属于较低层次的消费。享受型消费和发展型消费的支出比例，是消费结构的一个重要指标。当前农民工在发展型消费上的主要表现形式为子女教育。

第二，在消费水平上，在城镇的“低水平消费”与在农村的“高水平消费”成鲜明对比。即与城镇本地居民的消费水平相比，农民工的消费水平较低，但与流出地农民的消费水平相比，农民工家庭的消费水平又有了很大的提高，直接体现了他们消费结构的二元性。

第三，消费观念直接影响着家庭消费行为和消费结构。在消费观念上，农民工受传统消费观念影响较多，其在城镇的消费具有城镇生活农村化的特点，即虽然在城市工作和生活，但在消费行为上仍然部分延续了农村的生活习惯。近年来，新生代农民工更加呈现出现代城市消费的特征，但完全意义上的城市性消费对绝大部分农民工来说还只是对未来的期望和生活的目标。

3.3 农民工消费行为的异质性分析

随着农民工消费支出的不断提高，不同类型的农民工的消费异质性也逐渐得到体现。从农民工群体内来观察，农民工消费层次差异与城镇居民消费差异类似，2004年最高收入组和最低收入组的农民工消费水平差异为2.8倍，同期城镇居民的这一数值为2.7倍。一方面，大多数农民工消费简朴、低档，生活单

① 当然，不同受访样本的差异性仍然存在，特别是收到汇款的农户的本地收入水平低于未收到汇款农户的本地收入，因此在收到汇款后，其主要用于支付食品和衣着等生活消费支出，而不是改善耐用消费品（王美艳，2012）。

调，需求单一，消费方式单调而同质；另一方面，部分农民工消费水平较高，消费方式也颇为入时。

本节区分举家迁移和单独外出农民工、第一代和新生代农民工、不同年龄段农民工以及不同学历农民工，对这类消费行为的异质性展开分析。

3.3.1　举家迁移与单独外出农民工

举家迁移和单独外出农民工的消费方式存在较大差异。农民工家庭成员的进城，使其消费单位不再是个人，而是家庭。消费单位的变化将影响消费行为。生活的“非家庭化”是农民工消费倾向很低的原因之一。进城农民工家庭的消费体现出其“家庭”特色。如果说个人式流动农民工的消费行为是紧凑型，显示出较为明显的“寄居”特色的话，那么进城农民工家庭的消费行为则显示出更多的“定居”特色。随着举家迁移农民工占比的上升，农民工的家庭总体消费水平会提高，消费结构会改变，这意味着农民工的消费模式更趋同于具有相同收入水平的城镇家庭的消费方式。

表 3－3 比较了不同年份两类农民工在务工城市的消费差异，可以证实，个体消费相对于家庭而言更加注重衣着、娱乐支出和交通支出。2003 年和 2007 年的调研结果均证实单独外出农民工的衣着支出占消费支出的比重要高于举家迁移农民工。单独外出农民工的娱乐文教支出中，用于娱乐支出的比重也较高。综合上述数据可以证实，单独外出农民工在子女教育上的支出较少，因此其娱乐文教支出中，主要是娱乐支出。相应地，为回乡看望留守在农村的家庭，单独外出农民工在外地交通上支出更多。

而家庭消费则更加侧重于子女教育支出和医疗支出。从表 3－3 给出的比较来看，举家迁移农民工的医疗支出可能也着重在子女的必要医疗费用上，因为单独外出农民工的医疗支出仅为举家迁移农民工的一半左右。整体来看，个体和家庭的消费支出各项目差别并不算太大。

表 3－3　　举家迁移农民工与单独外出农民工消费结构比较

年份	2003/2004		
类型	举家迁移	单独外出	综合
食品	38.59%	34.72%	56.64%

续表

年份	2003/2004		
类型	举家迁移	单独外出	综合
衣着	4.64%		12.24%
医疗	3.20%		
交通和通信	5.53%	5.28%（仅交通费）	3.50%
娱乐文教	18.48%	9.60%	12.24%
居住	20.06%	27.97%	10.14%
年份	2007		
类型	携子女举家迁移	夫妻举家迁移	单独外出
食品	31.85%	32.82%	31.11%
衣着	4.64%	6.04%	8.05%
交通	10.95%	16.03%	13.58%
其中：外地交通	2.21%	3.75%	2.92%
子女教育支出	2.47%	1.15%	0.01%
居住	29.74%	25.92%	28.94%
其中：住房租金	19.31%	14.43%	11.09%
医疗	5.03%	6.22%	2.36%
耐用消费品支出	1.90%	2.02%	1.69%
年份	2013		
类别	举家迁移		综合
食品			47.76%
衣着			6.55%
医疗			6.96%
交通和通信			5.06%
娱乐文教			9.97%
居住			10.92%
耐用消费品			2.03%

注：各类支出均为该项消费支出。

资料来源：2003年举家迁移农民工资料为福州农民工家庭（徐志旻，2004）；单独外出农民工资料为南京市务工农民工（钱雪飞，2003）；综合为2004年国家统计局农村住户调查资料（农民工城市反贫困项目课题组，2008）。2007年数据为北京市农民工家庭和单独外出农民工（刘靖，2013）；2013年不区分类型数据为宁波市农民工（熊德平等，2014）。

住房支出占比对单独外出和举家迁移农民工而言，均有一定的差异。整体来看，举家迁移的农民工家庭的整体住房支出要高于单独外出农民工，主要是家庭居住需要更大的居住面积，居住方式也主要以租房为主，居住支出也应该较高。但是如果仅仅是夫妻两人居住农民工，那么其实际需要的居住面积与单独外出农民工差异不大，而人均居住支出的金额也会相应地下降，因此在调查数据中就表现出举家迁移（含子女）农民工的住房支出占比高于单独外出农民工，后者又高于夫妻迁移农民工的现象。

上述消费结构的差异也同样出现在耐用消费品方面。举家迁移农民工的耐用品消费会有较大幅度地增加。但是部分个人平均消费会下降，特别是耐用消费品的边际消费成本达到零（王子成等，2016）。

综上分析，本书认为举家迁移的农民工家庭的总体消费水平可以从两个层面来判断：一是与迁入地的城镇居民家庭相比，举家迁移的农民工的消费模式会更接近同等收入的城镇居民家庭。而现行的研究也主要集中在这一方面比较和分析家庭迁移农民工的消费状况。另一个视角是与单独外出农民工家庭消费水平的比较。虽然农村的整体消费水平要低于城镇，但是单独外出的农民工在两地消费时，其消费构成中的部分耐用品消费具有重复性，因此家庭消费支出可能并不会较举家迁移农民工低很多，这方面的实证分析相对缺失。

3.3.2　新生代农民工和老一代农民工

随着新生代农民工逐渐成为外出农民工的主体，农民工消费行为的代际差异也开始凸显。新生代农民工主要指 1980 年和 1990 年后出生的、拥有农村户籍的进城务工青年。他们的成长环境、受教育水平、身份认同、流动模式、未来规划及价值观念等都与第一代农民工差异显著。他们中在城市长大的比例更高，文化程度普遍高于父辈，对城市的身份认同更强，自我发展愿望更强烈。与第一代农民工“进城打工，回乡消费”的生活轨迹不同，新生代农民工则很大程度表现出“进城赚钱，在城消费”的生活方式。

“80 后”的新生代农民工大约在 2000 年前后逐渐加入农民工行列，“90 后”的新生代农民工出现在 2010 年左右。自 2010 年以来，新生代农民工年均维持了 1.2% 左右的增长幅度，新生代农民工总数在 2017 年首次超过 50%，成为农民工的主体。

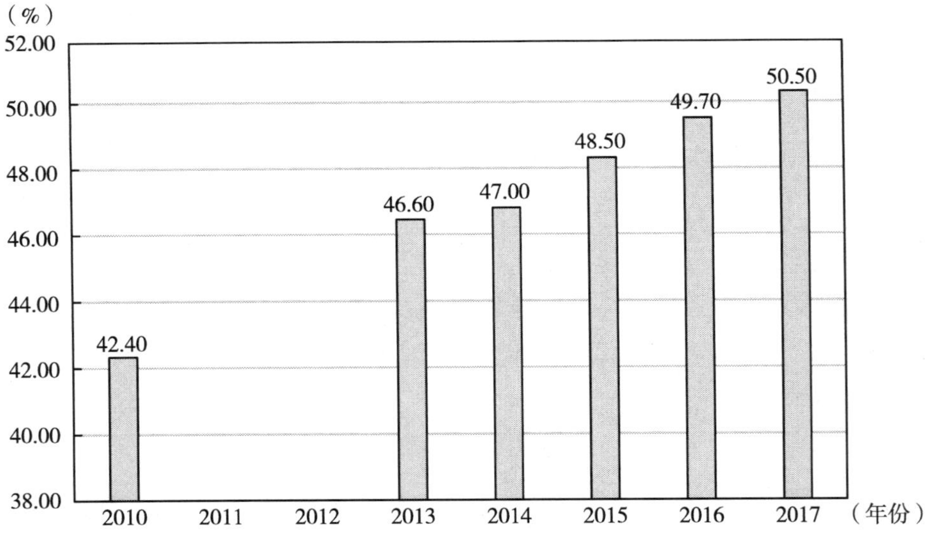

图 3－5　新生代农民人数占比变动（2010—2017 年）

资料来源：历年农民工监测报告。

新生代农民工作为农民工中的积极消费者，他们的消费行为复杂化、消费结构多元化、消费观念前卫化和消费工具现代化的四化特征较为明显（钱文荣和李宝值，2013）。在消费水平上，新生代农民工会将收入的相当一部分甚至全部用于消费；在消费结构上，不再停留在基本的生存需要上，而是扩大到了服装、娱乐等方面。他们通过提升自己的消费结构来适应城市的生活方式，以更强的消费模仿来试图融入城市，推动了这一代农民工从农民向市民的转化。

新生代农民工的消费方式正在转型，消费观念和消费结构也在发生变化。他们长期生活在城市，在衣、食、住、行、休闲、娱乐等方面，不断学习和模仿市民的消费方式，甚至有追求品牌、注重时尚的符号性消费趋势，希望以此来建构自己的市民身份（纪江明等，2013）。他们的消费习惯与父辈农民工存在一定差异，消费倾向普遍高于父辈，消费方式和消费行为与城镇同年龄人更为相似，对城市的融入感也更强。但是，受到城乡二元户籍制度、传统农村观念的影响，新生代农民工并未完全脱离农民这一社会身份，他们的日常生活及消费方式，仍带有农村型消费的特征。

新生代农民工的边际消费倾向高于父辈农民工，品牌意识初步形成，消费行为的从众效应显著，其在消费行为上体现出了“双重消费策略”（唐有财，2009）。

新生代农民工的收入水平并不高，而且其工作处于流动状态、收入处于不稳定状态，未来收入的不确定性也较强，这与其年龄特征密切相关。但是新生代农民工所处家庭的收入水平要高于第一代农民工家庭（刘传江，2010）。其收入用于个人消费支出的动机也较强。

从消费支出的结构上看，新生代农民工的基本生活消费占比较高，但是食品消费支出占比偏低。表 3 – 4 显示两个独立的调查都证实新生代农民工的食品消费支出占比均不到 30% 。本书认为这并不能真实反映新生代农民工的食品消费水平。结合不同研究中对新生代农民工交通支出的分析，可以发现新生代农民工的外地交通支出占比仅为第一代农民工的一半，甚至更低，其可能间接反映出新生代农民工中有一部分本身就和父辈共同生活在同一城市，因此其食品支出的花费相对较低。对这一可能结论的一个间接佐证是 2011 年对江西返乡新生代农民工的调查，发现其恩格尔系数为 0. 39，更接近于城镇居民（冷雄辉和易娜，2012）。

表 3 – 4　　　　新生代农民工与第一代农民工消费结构比较

年份	2007		2008
类别	新生代农民工	第一代农民工	新生代农民工
食品	30. 52%	32%	22. 88%
衣着	8. 06%	7. 8%	11. 03%
交通	12. 21%	16. 43%	
其中：外地交通	2. 29%	4. 39%	
娱乐	7. 16%	2. 72%	6. 94%
医疗	0. 02%	0. 10%	
住房租金	11. 32%	10. 37%	
成人培训	0. 25%	0. 08%	
年份	2011		
类别	新生代农民工	第一代农民工	
食品	22. 86%		
衣着	10. 45%		
交通	1. 20%		
娱乐	5. 46%		
医疗	1. 15%		
住房	9. 35%		
培训	1. 98%		

注：2007 年两代农民工的比较取自刘靖（2013），第一代农民工各项消费支出占比为原文所列 25 岁以上农民工三组农民工分项支出的加权平均。2008 年新生代农民为 24 省个体调查（唐有财，2009）。2011 年新生代农民工务工地为江苏南通（吴祁，2012）。

衣着消费是新生代农民工和老一代农民工消费结构差异的主要构成。新生代农民工将平均10%的收入用于衣着服饰消费。女性农民工会更为看重衣服的样式、品牌与时尚的品位（张晶2010）。他们的服装消费方式实际上已经呈现出与城市青年的同步性。

新生代农民工的消费结构更为多元化，娱乐休闲方面的消费占较大比重，多元化的消费结构与上一代农民工基本生存消费的单一结构（主要是食品消费）截然不同。除了最基本的生活消费外，新生代农民工还有其他如学习、通信、娱乐等方面的消费。新生代农民工出于自身的心理和生理特征，娱乐休闲方面的消费支出占总消费支出的比例较大（冷雄辉和易娜，2012），如表3－4所示，不同年份和不同地区的新生代农民工的娱乐支出占比均达到5%以上，远高于第一代农民工的2.7%。此外，在娱乐方式上，新生代农民工的选择也更为丰富和多样化。上歌舞厅、健身、看书报、上网等都已经进入了受访农民工休闲消费的范畴，他们的消费呈现一种异质性。

值得注意的是，新生代农民工更为注重自身人力资本的提高，其用于自我培训的支出远超过第一代农民工，这也反映出新生代农民工有更强的主观能动性去提高自己在劳动力市场上的竞争力。

表3－5　新生代农民工和第一代农民工住房状况比较

年份	2010	
类别	第一代农民工	新生代农民工
单位宿舍	23.1%	27.4%
工地工棚	7.1%	4.3%
与他人合租	14.3%	23.5%
独立租赁	44.3%	38.9%
务工地自购	6.0%	2.8%
年份	2012	2011
类型	两代农民工	新生代农民工
单位宿舍	31.08%	11.84%
工地工棚	15.72%	7.81%
合伙租房	26.84%	74.56%（租房）
独立租房	13.53%	
自购	0.73%	4.28%

注：2010年为在上海务工的农民工（诸荣伟和陈晓冬，2011），2012年两代农民工住房情况取值常韬等（2013）。2011年新生代农民工住房情况为江苏省南通市调研（吴祁，2012）。

在居住方式上，新生代农民工与第一代农民工有一定的差异，表3－5反映了两代农民工的居住方式差异。基于对同一调查中对两类农民工居住方式的考察，从数据来看，新生代农民工住工棚的比例更低。2010年上海务工的农民工中，仅4.3%的新生代农民工的住所为工地工棚；而第一代农民工住工地工棚的比例为7.1%。这可能反映了两代农民工的职业差异，新生代农民工从事建筑业的比例较第一代农民工为低。

基于对不同调查中同一年份两代农民工居住方式的比较，也可以发现新生代农民工的合租比例较高。一方面，新生代农民工的收入水平更低。另一方面，新生代农民工更高的合租比例也可能反映了两代农民工的婚姻情况差别。新生代农民工更为年轻，作为单身汉会选择与亲友同住在出租房内。已经结婚的农民工更倾向于选择与配偶、子女共同居住，会选择独自租赁单元房的方式解决住房需求。

基于两代农民工居住方式的差异，从居住条件看，大致可以推断新生代农民工租住的房屋类型和房屋设施优于第一代农民工。

此外，寄钱回家仍然是多数新生代农民工的一项固定支出。但新生代农民工的汇款比例（37.2%）要低于第一代农民工（51.1%，国家统计局，2011）。当然，这并不完全意味着新生代农民工的汇款意愿更低。虽然新生代农民工无论在消费水平还是在消费结构上都有变化，但是他们仍然将近40%的收入用于不消费（唐有财，2009）。其中有部分原因是新生代农民工的年龄相对较小，收入较低，当期消费金额占比较高。与此相关的，是新生代农民工出现透支消费的情况，这一行为表明他们和城市年青人的消费观念也更趋相同。

新生代农民工与老一代农民工的消费差异，一方面反映了两代农民工不同的生活背景。第一代农民工受益于农村土地承包责任制，即使失去城市就业岗位也不至于生活无着，而与土地的联系，使得他们不愿意也不能放弃农村，最终在年老后会选择回到乡村。这种对于未来传统生活的预期会使得他们在城市中的消费比较节省，在城市中属于生产型劳动力，而非消费型劳动力。而新生代农民工则愿意放弃农村土地到城市定居。

产生差异的另一方面原因，则来自年龄和家庭结构因素。比如在2010年之前的调研中，新生代农民工中有近8成是未婚的，这与第一代农民工有很大的不同。婚姻状况影响了他们的消费选择，第一代农民工在消费的时候更多以家庭为单位，而新生代农民工在消费时来自家庭的压力要小很多。他们更多以个体为单位，这使得他们在做出消费决策时，更多地考虑个人因素。

从新生代农民工的内部差异来看，新生代农民工群体则因个体家庭背景、学历技能、岗位性质、进城务工年限等方面的差异，其消费行为也日益分化，这与第一代农民工的消费行为高度趋同特征存在一定的差异。

3.3.3 农民工消费行为的年龄差异

与消费的生命周期理论一致，不同年龄段的农民工消费支出也呈现出倒U形的特点。随着年龄的增加，农民工的消费支出增加，在35岁时达到峰值，随后伴随年龄的增加消费逐渐减少（如图3－6所示）。有关对北京市不同年龄段农民工的调查也证实，25—35岁的农民工群体消费水平最高。其中的一个主要原因是此后子女教育支出的大幅度增加，特别是随着九年制义务教育阶段的结束，农民工需要将更多的收入汇回家以支持在家乡就学子女的教育开支。实际上，农民工在其城市工作期间需要完成多个阶段性的目标，包括结婚、回乡建房、子女教育以及子女结婚。而一旦上述目标完成后，农民工也往往会选择返乡。因此，很少观察到50岁以后的老年农民工出现消费高峰现象，这与城镇老年人口所表现出来的消费特征具有一定的差异性。

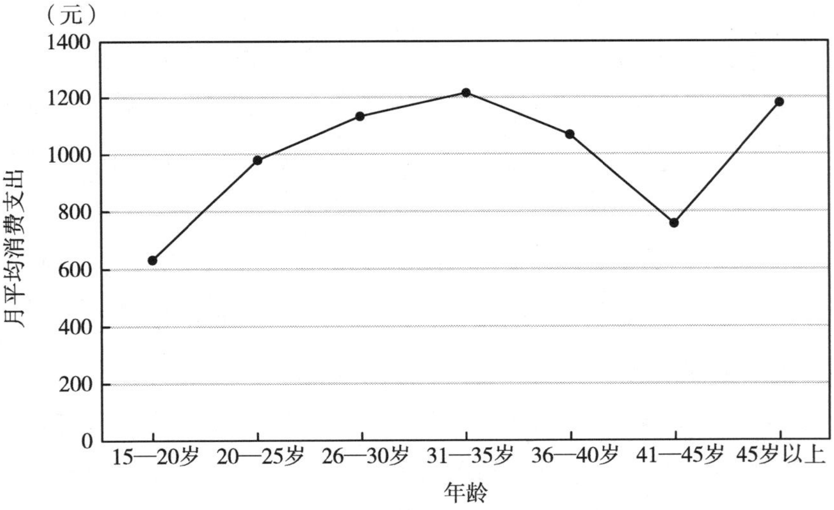

图3－6　2011年成都市分年龄段农民工消费支出

资料来源：吴文峰和王建琼（2013）。

分性别来看，单身男性用于食品、交通、娱乐等方面的消费支出较高。同女性比较起来，男性对居住方面要求不高，住房租金远远小于独身女性并且也更容易获得单位所提供的集体住宿或者住房补贴。同时，男性对于老家的转移支付包括汇款的额度远远高于女性；女性在衣着、家庭日常支出方面的消费高于男性。

从农民工的婚姻状态来看，已婚农民工与未婚农民工的消费能力的分析存在一定的差异。比如刘伟（2010）就指出，当农民工没有结婚时，负担比较轻，农民工消费比较大，而结婚后压力也增加，消费则会减少。而孔祥利和粟娟（2013）发现，已婚农民工消费比未婚农民工消费总额高，可能反应了已婚进城农民工面临的子女教育制度和住房制度对农民工消费行为产生了较大的影响力。教育制度、住房制度使其负担更多的市民化成本，由此增加了他们消费的不确定性，储蓄自然会增加，消费习惯上也更加趋于保守，对基本生活消费物品更加省吃俭用。

这种结论上的差异，可能源于未能包括已婚农民工在务工地的生活情况，即其是否是举家在务工地生活。刘靖（2013）就指出在消费项目上，举家迁移家庭的现金消费略高，主要源于儿童的照料费用和教育费用，其医疗花费也略高。非举家迁移者的食品、衣着、日常开支以及娱乐花费略高，外地交通费用也略高。

从务工地的城市规模来看，农民工务工所在城市的规模越小，农民工家庭的消费水平就越低。

农民工的个人因素如工作职位、工作行业以及受教育程度等因素使农民工群体内部在消费观念和消费模式上有了分化。不同行业和职位的农民工在消费水平上存在显著差异，管理职位农民工的消费支出高于非管理职位农民工。受教育程度较高、务工时间较长的农民工，往往可以获得较高的技术职称，收入水平也较高，工作更为稳定，因而具备较强的消费能力，也更加注重享受发展性消费。随着人力资本的不断提高，打工地区的变化、工作职位的迁升，一切有关农民工自身人口特征的变化不断冲击着农民工的消费理念，改变着他们的消费能力和消费预期。

3.4　小　　结

本章对 1997 年以来的农民工消费水平和消费结构进行了考察，研究证实，

1998年以来我国农民工消费支出上升较快。在2011年之前，农民工的消费水平呈现出稳定增加的态势，此后增幅趋缓且波动较大。这一消费支出的变化不仅反映了农民工收入水平的提高，也可能表明农民工的城市融入感在增强。相应地，受基本消费刚性支出和农民工收入增速较低的影响，在2010年之前，农民工的平均消费倾向随着收入的增加而上升。而在2010年之后，农民工的平均消费倾向出现递减趋势，表明在满足基本消费刚性支出之后，农民工的整体消费模式并未发生太大的变化。其消费特征典型的表现为，消费倾向偏低，几乎没有跨期消费选择，储蓄意识强，消费主要依赖当期收入，量入为出特征较为明显。

农民工的消费结构同样具有很强的二元性，其消费观念是城市生活和农村传统的混合。作为维持生存所必需的基本支出，食品消费在农民工各项消费支出中的占比是最高的，农民工的恩格尔系数长期居高不下。但这种食品消费支出的内部构成可能在发生调整，从早期维持型向更高营养和更高品质的食品消费转移。

居住消费支出对农民工而言也仅仅是生活必需品，租赁住房和单位提供住房是农民工主要的居住模式，而面积小，居住环境简陋既反映出农民工将自己视为城市过客的心理态度，也揭示其收入较低的实际情况，进而影响到农民工在耐用消费品上的低消费支出。

农民工的教育支出主要体现为对子女的教育支出，这是农民工最为重要的发展型消费支出，而为当期和未来子女教育支出的储蓄也使得农民工在城市的消费支出呈现出倒U形特征。农民工的文娱支出相对单调，第一代农民工和新生代农民工的主要娱乐方式分别为看电视和刷手机。而汇款回乡是农民工与其农村家庭联系的最重要经济活动，也使得农民工在老家的留守人员的消费水平处于农村居民中高收入户及以上的水平。

从农民工构成来看，其消费异质性也较为明显，比如一方面，大多数农民工消费简朴、低档，生活单调，需求单一，消费方式单调而同质；另一方面，部分农民工消费水平较高，消费方式也颇为入时。随着举家迁移农民工占比的上升，农民工的家庭总体消费水平和消费结构更趋同于具有相同收入水平的城镇家庭的消费方式。新生代农民工成为农民工主体，他们的消费行为复杂化、消费结构多元化、消费观点前卫化和消费工具现代化的四化特征使得其消费行为更趋向于城镇居民。不同年龄段的农民工消费支出也呈现出倒U形的特点，随着年龄的增加，农民工的消费支出增加，在35岁时达到峰值，随后伴随年龄的增加消费逐渐减少。此外，农民工群体则因个体家庭背景、学历技能、岗位性质、进城务工年限等方面的差异，其消费行为也日益分化。

需要指出的是，受限于个体消费行为调查自身的难度，现行关于农民工消费行为的研究，存在几个缺陷。一是未能区分农民工与城镇低收入者消费行为的差异，外出农民工的平均收入水平在所在城镇的收入排序中属于最低20%—40%的部分，对农民工消费行为的分析，也应该比较其与城镇同类低收入者之间的差异。否则，无法有效地分离出城镇低收入者的消费活动和农民工的消费活动。

二是未能有效分析举家迁移农民工和单独外出农民工的家庭消费水平的差异。现有文献对于举家迁移农民工的分析，或者将这类农民工的家庭消费水平或人均消费水平与单独外出农民工的消费水平进行对比，这类比较往往忽视了单独外出农民工其留守在流出地的家庭的消费水平（当然，这也是个体调查所无法得到的数据），从而低估了单独外出农民工的家庭消费水平，由此得出的两类农民工消费能力和消费结构的差异存在一定的偏误。

三是未能有效区分年龄和收入所导致的消费差异。在对老一代农民工和新生代农民工消费行为差异的分析中，对于新生代农民工的消费活动未能区分收入因素和年龄因素所导致的消费差别。

四是对农民工消费行为的分析主要集中在较发达城市，因此在一定程度上高估了农民工的消费水平，也未能考虑到在欠发达地区务工的农民工的消费与本地居民消费的差异。

附表　　农民工消费调查汇总

年份	月消费支出（元）	调查样本	调查方式	说明（备注）
1996		湖北省宜昌市346份问卷	个体调查（农民工）	冯桂林和李淋，1997）
1998	176.5	广州、深圳、东莞和北京690份问卷	个体调查（农民工）	张兴华（1999）
1999/2000		上海市17区（县）1845份问卷 北京市12区（县）947份问卷	个体调查（流动人口）	吴维平和王汉生（2002）

续表

年份	月消费支出（元）	调查样本	调查方式	说明（备注）
2002	378	全国 2000 个农民工家庭	中国家庭收入调查	丁浩（2018）
2003	580.3	南京市 3 区 578 份问卷	个体调查（流动人口）	钱雪飞（2003）
2003	418.33	福州市 320 份问卷	个体调查（农民工家庭）	徐志旻（2004）
2004	286	31 省（市、区）农民工调查	国家统计局农村住户调查资料	农民工城市贫困项目课题组（2008）
2005	387.95	北京市 590 份问卷	个体调查（农民工）	王曼（2005）
2005	占收入的50%左右	湖南湘潭市 342 份问卷	个体调查（进城农民工）	欧阳力胜（2006）
2005	611.59	江苏省 8 城市 1816 份问卷	个体调查（农民工）	严翅君（2007）
2006	550	兰州市 17 个社区 326 份问卷	个体调查（农民工）	张咏梅和肖敏霞，（2008）
2006		珠三角 9 市 3084 份问卷	个体调查（农民工）	蔡禾（2009）
2006/2007	825	北京市（城八区）844 个农民工家庭	个体调查（农民工）	刘靖（2013）
2007	380.6	全国	国家统计局	国务院发展研究中心课题组（2010）
2007		深圳市 669 位农民工	个体调查	周林刚（2007）
2007	701.6	北京市（九区）717 份问卷	个体调查（农民工）	李晓峰、王晓方和高旺盛（2008）
2007	822	9 省（区、市）5003 个农民工家庭	中国家庭收入调查	丁浩（2018）
2007	883	9 省 4908 个农民工家庭	中国城乡劳动力流动调查	明娟和曾湘泉（2014）
2008	753	7 省（市）12 城市（东部为主）936 个样本	个体调查（农民工）	李凯和曹广忠（2012）

续表

年份	月消费支出（元）	调查样本	调查方式	说明（备注）
2008	976	24 省（市）270 份问卷	个体调查（新生代农民工）	唐有财（2009）
2008		武汉市 1100 份问卷	个体调查（农民工）	刘传江（2010）
2010		106 城市 10 万流动人口	国家人口和计划生育委员会全国流动人口动态监测	董昕和张翼（2012）
2010	1188	上海 1230 份问卷	个体调查（第一代农民工（580），新生代农民工（650））	褚荣伟和张晓冬（2011）
2011	800	江西省外出农民工 273 份问卷	个体调查（新生代农民工）	冷雄辉和易娜（2012）
2011	968	全国	卫计委流动人口监测调查	孙凤（2017）
2011	1109.4	28 省（市）1249 份问卷	个体调查（农户）	孔祥利和粟娟（2013）[b]
2011	1345	江苏省南通市 414 份问卷	个体调查（新生代农民工）	吴祁（2012）
2012	733	全国	农民工监测调查	国家统计局（2014）
2012	1026	成都市 268 份问卷	个体调查（农民工）	吴文峰和王建琼（2013）[a]，吴文峰和王建琼（2012）
2012	1713	53 个地（市）2679 份问卷	个体调查（农民工）	钱文荣和李宝值（2013）
2012	1145	20 省（区、式）547 份问卷	个体调查（农民工）和访谈	常韬、许萍和张立军（2013）
2013	892	全国	农民工监测调查	国家统计局（2014）
2013	1208	30 省（区、市）1071 份问卷	农村入户调查	王张明（2015）
2013	2721.67	宁波市 849 份问卷	个体调查（农民工）和访谈	熊德平等（2014）

续表

年份	月消费支出（元）	调查样本	调查方式	说明（备注）
2014	944	全国	农民工监测调查	国家统计局（2015）
2014	1338.29	全国流动人口动态监测调查数据（35198 个样本）	入户调查	汪润泉和赵彤（2018）
2015	1012	全国	农民工监测调查	国家统计局（2016）
2016	1800	太原市 449 份问卷	个体调查（新生代农民工）和访谈	王艳萍（2018）
2016		福建省福州、厦门、泉州 1476 份问卷	个体调查和访谈	卢海阳和李祖娴（2018）

注：a. 根据分年龄组的人数权重和各年龄组的平均消费金额加权计算得到。
b. 根据文中线性回归方程和农民工平均收入计算得到。

第 4 章　居民消费结构比较及其实证分析

在第 3 章，本书对农民工的消费水平、消费结构以及农民工内部的消费差异进行了考察。在这一章，本书进一步对农民工与城乡居民的消费水平与结构变动进行比较分析。农民工的收入水平介于农村居民和城镇居民之间，其平均收入水平与城镇低收入家庭相当，而其所受的不确定性和不稳定性约束又使得农民工与城镇中低收入家庭的消费结构有所差异。一方面，受到城镇同等收入居民和更高收入居民消费行为的影响，农民工会模仿城镇居民的消费行为，甚至改变自身的消费偏好。另一方面，农民工的消费行为又会被农村居民所模仿，从而带动整个社会消费结构的调整。因此，本章通过对农民工与城乡居民消费水平和结构的比较，探讨农民工、城镇居民和农村居民的消费结构差异。

4.1　农民工与城乡居民消费水平的比较分析

亚洲开发银行的研究指出，以日均收入来测算，我国的农民家庭、农民工家庭和城镇居民家庭分别处于中等收入低（2—4 美元）、中（4—10 美元）、高（10—20 美元）三个组别。农民工在城镇的消费过程中，并不仅仅是简单地接受城市的生活，同时也在不断推动着城镇的发展，包括消费文化的形成和消费社会的演进。

表 4－1 给出了部分年份农民工与城镇、农村居民边际消费倾向的差异。对比来看，农民工往往具有较低的当期消费倾向、较高的储蓄倾向。在第 2 章中，本书证实农民工的可支配收入介于城镇居民和农村居民之间，但在较长一段时期内，农民工的消费支出仅略多于农村居民。因此，关于农民工平均消费倾向的研究均发现，农民工的平均消费倾向既低于所在务工地的城镇居民也低于农

村居民。以 2004 年的国家统计局的全国范围统计结果为例，农民工的年消费支出约为 3432 元，占城镇居民消费支出（7182.1 元）的 50%，较农村居民 1754.5 的现金消费支出要高出 95.6%。分收入组来看，农民工的消费水平接近城镇较低收入户的消费水平（3942.2 元）和农村高收入户的消费水平（3710.6 元），但同期农民工的年均工资收入（9864 元）则远高于农村高收入户的纯收入（6931 元）和城镇中等收入户的可支配收入（8166.5 元）。这实际上意味着农民工的消费水平与其收入水平是不匹配的。

在表 4－1 所列示的个别年份中，不同研究和调查数据均证实了农民工和其他两组居民相比所存在的低平均消费倾向。尽管受到调查范围、数据和方法差异的影响，不同研究关于农民工平均消费倾向的测算结果存在一定的差异①，但是均能够证实农民工平均消费倾向是三类居民组中最低的。以 2007 年的农民工调研结果为例，农民工的消费水平远远低于城镇居民。而从消费的构成看，农民工的恩格尔系数基本在 50% 以上，而城镇居民的都在 50% 以下，说明两者消费结构也有显著差别（国务院发展研究中心课题组，2010）。这表明虽然农民工在统计上属于城市居民，是城市人口的一部分，但是他们的消费水平低，消费模式显著不同于本地居民。

表 4－1　　三类居民平均消费倾向比较（1998—2018 年）

年份	地点	农民工	城镇居民	农村居民	来　源
1998	广深北	0.53	0.81	0.77	张兴华（1999）
2003	福州市	0.66	0.73	0.70	徐志旻（2004）
2004	全国	0.365	0.762	0.744	农民工城市反贫困课题组（2007）
2007	全国	0.36	0.725	0.78	国务院发展研究中心课题组（2010）
2011	全国	0.43	0.63	0.75	孙凤（2017）
2012	全国	0.32	0.62	0.75	国家统计局（2014）
2013	全国	0.34	0.70	0.79	国家统计局（2014）
2014	全国	0.33	0.70	0.80	国家统计局（2015）
2015	全国	0.33	0.69	0.81	国家统计局（2016）

注：广深北分别为广州、深圳、北京。

资料来源：全国城镇居民和农村居民平均消费倾向均根据相关年份《中国统计年鉴》计算。特定地区的城镇居民和农村居民平均消费倾向取自相关文献。

① 这种差异一方面来自所调研农民工的职业构成、人口特征和城市区位，上述因素都会影响到农民工的收入水平及其消费模式；另一方面则源自不同研究者的问卷设计和对收入的界定。在文献阅读中，我们发现，部分实证研究在确认收入时，剔除了汇款回家的收入，会导致农民工的平均消费倾向出现向上偏误，而部分实证研究在设计问卷时，可能存在一定的信息缺失，使得计算结果出现差异。

对农民工低消费倾向的分析，认为这既受到传统攒钱回乡观念的影响下的不愿消费；也和农民工工作流动性大，收入的暂时性成分较高有关的不能消费（欧阳力胜，2006）以及农民工被隔离于城市医疗保险、失业保险等社会保障体系之外，保险等正规形式所具有的风险分散机制对农民工所能起到的作用非常有限，因而在各种不确定性下的不敢消费（钱文荣和李宝值，2013）。不愿、不能、不敢这一导致我国居民消费率偏低的因素在农民工身上表现得更为明显。

但即便如此，给定城镇较农村更优的消费环境和较高的商品化率程度（褚荣伟和张晓冬，2011），随着收入的增加，农民工的整体消费能力也在不断发生变化和升级，其与城镇居民平均消费支出之间的差异也在不断缩窄。图 4－1 给出了农民工消费支出占城乡居民消费支出的比重变动。可以发现，农民工的平均消费支出正在逐渐接近城镇居民平均消费支出水平，从 2004 年的接近城镇居民消费水平的 50% 逐渐增加到城镇居民消费支出的 80% 左右。其与农村居民消费支出的差距在经历了 2004—2011 年的扩大之后，在 2012 年起也开始逐渐缩窄[①]。这一趋势可能意味着农民工作为城镇居民与农村居民消费行为的传递者，

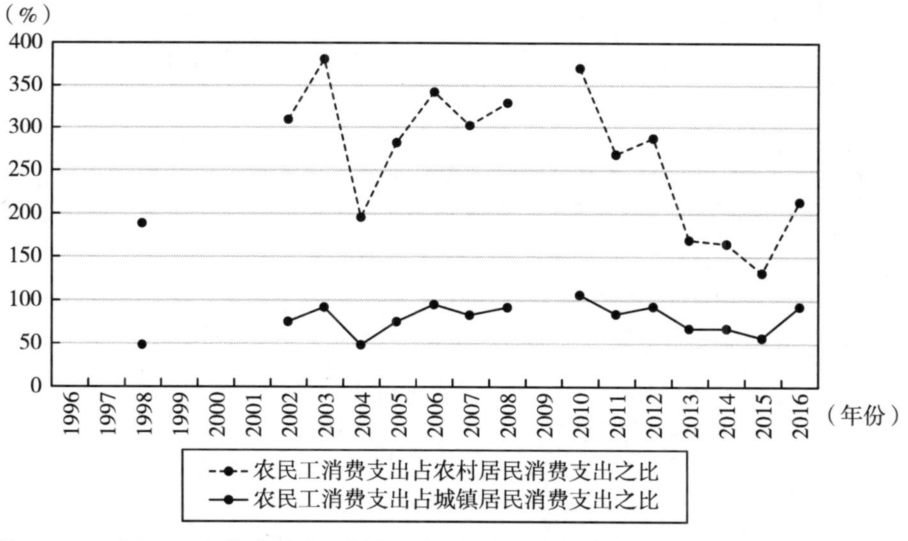

图 4－1　农民工消费支出与城镇、农村居民消费支出之比（1996—2016 年）

注：农民工消费支出根据文献中的人均月消费支出调整为年消费支出。

资料来源：农民工月消费支出数据见第 3 章的说明，城镇居民和农村居民人均消费支出数据来自历年《中国统计年鉴》。其中 2013 年之前的农村居民人均消费支出为现金消费支出。

① 因从 2013 年起，国家统计局开展了城乡一体化住户收支与生活状况调差，与之前的调查范围、方法以及指标口径均有所差异，在数据上，2013 年的农村居民消费支出较 2012 年有较大幅度上升。这一数据调整可能也会影响关于农民工消费水平和农村居民消费水平之间的差距在缩窄的判断。

其既起到了模仿城镇居民消费的作用，又具备着引领农村居民消费的功能。

4.2 农民工与城乡居民消费结构变动分析

本章首先考察农民工与城乡居民消费商品组成的变动情况。鉴于农民工消费数据全面性较低，我们将三类居民的消费结构分为 8 项进行分析，分别为食物（包括食品，酒类和非酒类饮料以及烟草），衣着（衣服），住房（租金、燃料和能源），家庭设备（家具和家庭设备等），医疗（医疗和健康支出），交通（个人交通设备和通信），文娱（娱乐、教育、文化服务）以及其他支出。

本章所用数据来自中国城镇家庭收支调查和中国农村家庭收支调查以及部分年份的农民工消费支出情况调查。在具体处理方式上，对于给定年份的农民工消费调查，如果是特定地点的调查，本书就比较该地区的城乡居民消费情况，如果是全国性的或者多区域的调查，则根据同年度的全国城镇居民消费情况进行比较分析。当然这一比较方法存在一定的缺陷，但是仍然能够对三类居民的消费结构提供一个可供参考的依据。

表 4 –2　　三类居民消费水平与消费结构比较

2004 年				2007 年			
	农民工	城镇居民	农村居民		农民工	城镇居民	农村居民
收入（元）	9396	9422	2936	收入（元）	12720	13786	4140
支出（元）	3432	7182	2185	支出（元）	4567	9998	3224
平均消费倾向	36.5%	76.2%	74.4%	平均消费倾向	35.9%	72.5%	77.9%
食物	56.6%	37.7%	47.2%	食物	56.7%	36.3%	43.1%
衣着	12.2%	9.6%	5.5%	衣着	12.1%	10.4%	6.0%
居住	10.1%	10.2%	14.8%	居住	10.0%	9.8%	17.8%
交通通讯	12.2%	11.7%	8.8%	交通通讯	12.4%	13.6%	10.2%
医疗	3.5%	7.4%	6.0%	医疗	3.4%	7.0%	6.5%
其他	5.2%	23.4%	17.6%	其他	5.5%	22.9%	16.4%

续表

2013 年			
	农民工	城镇居民	农村居民
收入（元）	40200	41729	20534
支出（元）	15236	24685	13915
平均消费倾向	37.9%	59.2%	67.8%
食物	45.0%	34.2%	39.5%
衣着	6.3%	10.5%	6.8%
居住	9.6%	6.6%	14.7%
交通通讯	14.7%	18.7%	16.6%
医疗	3.2%	4.0%	7.1%
家庭设备	3.0%	5.7%	4.4%
文教娱乐	9.8%	15.2%	7.6%
其他	8.5%	5.1%	3.1%

注：农民工的收入和消费支出数据根据人均月收入和人均月消费支出换算为年收入；城镇居民为人均年可支配收入和人均年消费支出；农村居民为人均年纯收入和人均年消费支出。

资料来源：2004 年农民工收支数据取自农民工城市反贫困项目课题组（2007）；2007 年农民工收支数据取自国务院发展研究中心课题组（2010）；2004 年和 2007 年城乡居民生活支出数据分别取自《中国统计年鉴 2005》《中国统计年鉴 2008》。2013 年宁波市农民工收支数据取自熊德平等（2013），宁波市城乡居民生活支出数据取自《宁波统计年鉴 2014》。

表 4－2 给出了 2004 年、2007 年和 2013 年三类居民的消费水平和消费结构。从中可以证实，其消费水平与上节的分析结论类似。农民工的收入水平已经逐渐接近城镇居民的平均可支配收入水平，是农村居民人均纯收入的两倍以上。农民工的消费水平仅略高于农村居民的平均消费支出水平，与两者间的收入差距情况并不匹配。而和城镇居民的消费相比，农民工的消费水平仅仅为城镇居民平均消费支出的一半左右，但从趋势上看，农民工的消费支出的增速快于城镇居民，因此与城镇居民间的消费差异在缩窄。

而从不同年份三类居民的消费结构来分析，可以证实，农民工的食物消费支出占比是三类居民中最高的。从 2000 年以来对全国农民工的调查显示，食物支出占其消费支出的比重超过 50%。而在 2010 年后，即使在经济发达的东部城市，农民工的食物支出占消费支出的比重仍然达到 45%，在各年份均高于城镇居民和农村居民的食物支出占比。而平均消费倾向和恩格尔系数“双低”是农民工消费模式中的一个主要特征。从本书所总结的历年调查结果来看，这一现象并未随着农民工收入水平的提高而得到明显改善。

从衣着支出来看，农民工的衣着消费占其消费支出的比重要略高于城镇居民的支出占比，远高于农村居民的衣着消费占比，2004 年和 2007 年全国调查都显示其衣着支出占其消费支出的比例超过 12%，略高于同期 10% 城镇居民在衣着上的支出水平（10%）。这实际上意味着作为外在的显示，农民工会在穿衣习惯和衣着风格上尽可能地向城镇居民看齐，从而表现出与城镇居民较为一致的支出比重。

在住房支出项上，农民工的支出与城镇居民的支出大致相似，均为 10% 左右。部分原因在于，在统计住房支出时，主要记录的是居民租房的成本，而不是购房成本。给定农民工在城镇务工，其在租房选择上的平均成本应该和城镇居民的租房成本大致相同。

三类居民的交通通信支出占其消费支出的比重差异不大，在不同年份均超过其消费支出的 10%。农民工和城镇居民在这项支出上的比重大体相当，但基于上章的分析，农民工在细分项上，和城镇居民存在较大的差异。农民工的交通主要以务工地市内交通和返乡支出为主，而城镇居民的交通则可能是市内交通和通信支出。也应该注意到农村居民的交通通信支出占比在各年份出现逐年递增的态势。

医疗支出是农民工和城乡居民间差异最大的支出项。农民工的医疗支出占消费支出的比重是三类居民中最低的，而且仅仅为城镇和农村居民医疗支出占比的一半左右。导致这一低医疗支出的主要原因是农民工医疗保障制度的缺失以及相应的其不愿去医院就医的心态。此外，另一方面也和农民工群体的年龄结构有关，农民工作为外出务工人员，其构成以中青年为主，因此医疗费用支出上也较城镇居民和农村居民为低。

整体来看，与城乡居民消费支出相比，农民工在食物支出上的比重明显偏高，而在医疗支出和耐用品支出上则较低，这实际上源自在城镇化建设过程中，农民工面临的社会保障的不确定性以及其无法落户下的消费选择。在消费结构的相似性上，农民工的衣着支出、居住支出和交通通信支出占比与城镇居民相比较为接近，表现出明显的城镇消费模式。从消费支出的重要性来看，这三类支出的比重也大致相同，均各占农民工消费支出的 10% 左右。

而这种消费结构在一定程度上也有助于解释农民工消费偏低的现象。除住房支出之外，必需品对于消费支出增长的作用并不明显，而奢侈品（医疗保健、文化娱乐和交通通信等）则能够对消费支出的上升起到很强的推动作用。

基于对三类居民消费结构的比较，可以认为，提高农民工的消费水平除了增加其收入外，还可以从改善其消费结构来着手。比如加快农民工在城镇的落户政策，刺激农民工耐用消费品的购买，或者通过完善农民工的医疗保障制度来弱化其所面对未来的不确定，增加其在医疗和文化教育方面的支出。

4.3　居民消费结构的实证分析

4.3.1　居民消费结构特征

在基于上文对三类居民消费结构统计分析的基础上，在这一部分，本书基于可得的数据，对我国居民消费结构进行实证考察。

本节首先对不同类型居民的消费结构进行统计分析①，使用 Divisia 指数②考察居民消费结构的描述性统计量，继而对居民消费结构特征进行比较研究。

令 p_{it} 和 q_{it} 分别表示商品 i 在 t 年的价格和人均消费数量，假设存在 n 种商品，总支出为 $E_t = \sum_{i=1}^{n} p_{it}q_{it}$ ，商品 i 的预算份额即为 $\beta_{it} = p_{it}q_{it}/E_t$。

我们使用城镇居民人均可支配收入和农村居民人均纯收入来表示 E，表 4－3 列出 1981 年以来我国城镇、农村和全国（对城乡按人口比例进行加权计算）每类商品预算份额的样本均值③。城乡居民人均食物消费支出占总消费支出的比重分别为 48% 和 54%，而城镇居民衣着支出占比是农村居民的两倍，对于家庭设备也类似。受统计口径和方法的差异，农村居民的住宅支出比重则比城镇居民高出 10% 左右。就全国平均而言，我国居民将收入的 1/2 用于食物，10% 用于

① 限于统计数据缺失，本书在这一部分和下一部分的实证分析中，采用通过考察城乡居民消费数据来检验。给定上文的分析，农民工作为介于城乡居民之间的群体，本书认为这一部分的分析仍然能够对农民工的消费结构以及消费偏好变化的分析提供一定的价值。

② Divisia 指数是法国经济学家 Divisia 建立的用来衡量价格和数量的总量关系的指标变量，对这一指数介绍和当前进展可参见 Balk（2005）。

③ 2013 年后因为统计指标、范围和方法有所调整，两者间具有一定的不可比性。

衣着，12%用于住房，7%用于家庭设备，4%用于医疗，4.5%用于交通，9%用于娱乐，其余3%用于其他商品和服务。

定义商品 i 的价格和数量的对数变化为：$Dp_{it}=\ln(p_{it})-\ln(p_{it-1})$，$Dq_{it}=\ln(q_{it})-\ln(q_{it-1})$，这种对数变化近似等于年度变化率或增长率。表4－4列出城乡各消费类别的价格和数量对数变化的样本均值。其中农村的价格增长率相对较低，就全国平均而言，食物价格每年增长约为6.31%，衣着为2.95%，住房增长6.14%，家庭设备增长2.40%，医疗为4.79%，交通通信为2.51%，文娱则为1.77%。最后三行给出了城乡间商品消费数量的变动。其中家庭设备、医疗、交通和文娱的消费量增长率比食物、衣着和住房更高。由表中的最后一行可以看出，平均而言，我国食物增长每年为4.21%，衣着为7.76%，住房为6.18%，耐用品为10.25%，医疗为13.32%，交通增长率为21.15%，文娱增长为13.22%。

价格和消费的总体增长情况可以用一阶Divisia矩，Divisia价格指数以及Divisia数量指数来衡量。其中Divisia价格和数量指数分别为单个价格和数量对数变化的加权平均。定义为：$DP_t=\sum_{i=1}^{n}\bar{\beta}_{it}Dp_{it}$，$DQ_t=\sum_{i=1}^{n}\bar{\beta}_{it}Dq_{it}$，权重指标选取连续两年预算支出的算术平均 $\bar{\beta}_{it}=\frac{1}{2}(\beta_{it}+\beta_{it-1})$（第一年除外）。表4－5列出城乡的数价指标的平均值。城镇的总体消费每年增加大约为7.23%，农村为5.64%，全国平均为6.55%；而一般价格水平变化城镇、农村分别为5.11%和4.85%，全国平均为5.05%。因此，平均来看，这一时期价格水平的增加要低于数量的增加。

使用Divisia二阶矩可以衡量价格和消费的总体变化趋势，定义Divisia价格方差和数量方差为：$\Pi_t=\sum_{i=1}^{n}\bar{\beta}_{it}[Dp_{it}-Dp_t]^2$　$K_t=\sum_{i=1}^{n}\bar{\beta}_{it}[Dq_{it}-DQ_t]^2$，可以计算方差值。对城乡数量方差以及价格方差的比较可以发现，农村的消费价格变化（76.78）大于城镇的消费价格变化（12.68），而农村的消费数量变化（67.33）小于城镇的消费数量变化（87.09）。城乡的消费价格和消费数量的平均变化程度分别为（9.76）和（56.14）（见表4－5）。对于城乡这两组方差的比较可以发现，Divisia数量方差系统性超过对应的Divisia价格方差。图4－2列出城乡以及全国加权的每期价格方差和数量方差之间的关系，大多数点都位于45度线以上，表明一般而言数量方差大于价格方差。为证实这一关系，我们也进行逐对统计检验，原假设为 $H_0:\sqrt{K_t} \leqslant \sqrt{\Pi_t}$，备择假设为：$H_1:\sqrt{K_t} > \sqrt{\Pi_t}$，结果如表4-6第一列所示，所有样本在5%的显著性水平下均拒绝原假设。

表4-3　中国城乡消费支出预算份额，价量变化（均值×100）（1981—2016年）

		食物	衣着	住宅	家庭设备	医疗	交通	文娱	其他
支出份额变化	城镇	48.12	12.60	7.43	9.16	3.54	4.97	10.49	3.69
	农村	54.20	7.74	16.33	5.01	3.84	3.64	7.54	1.69
	全国	50.71	10.28	12.04	6.99	3.80	4.48	9.00	2.69
商品价格对数变化	城镇	6.66	3.34	7.32	2.16	4.94	2.68	1.63	5.79
	农村	5.96	2.72	5.22	2.71	4.95	2.56	1.98	5.17
	全国	6.31	2.95	6.14	2.40	4.79	2.51	1.77	5.39
消费数量对数变化	城镇	3.12	6.87	7.81	7.53	16.53	17.96	11.99	5.20
	农村	3.65	5.47	6.46	10.44	10.53	21.26	11.90	6.33
	全国	4.21	7.76	6.18	10.25	13.32	21.15	13.22	8.15

注：全国平均为经过城乡人口加权的平均值。

资料来源：历年《中国统计年鉴》。

表4-4　我国城乡消费的Divisia数量和价格指标（均值×100）

年份	数量			价格		
	全国	城镇	农村	全国	城镇	农村
均值	6.55	7.23	5.64	5.05	5.11	4.85

表4-5　Divisia数量和价格方差（方差×10000）和Divisia价量相关性

年份	数量			价格			数价		
	中国	城镇	农村	中国	城镇	农村	中国	城镇	农村
均值	56.14	87.09	67.33	9.76	12.68	76.78	-0.43	-0.36	-0.22

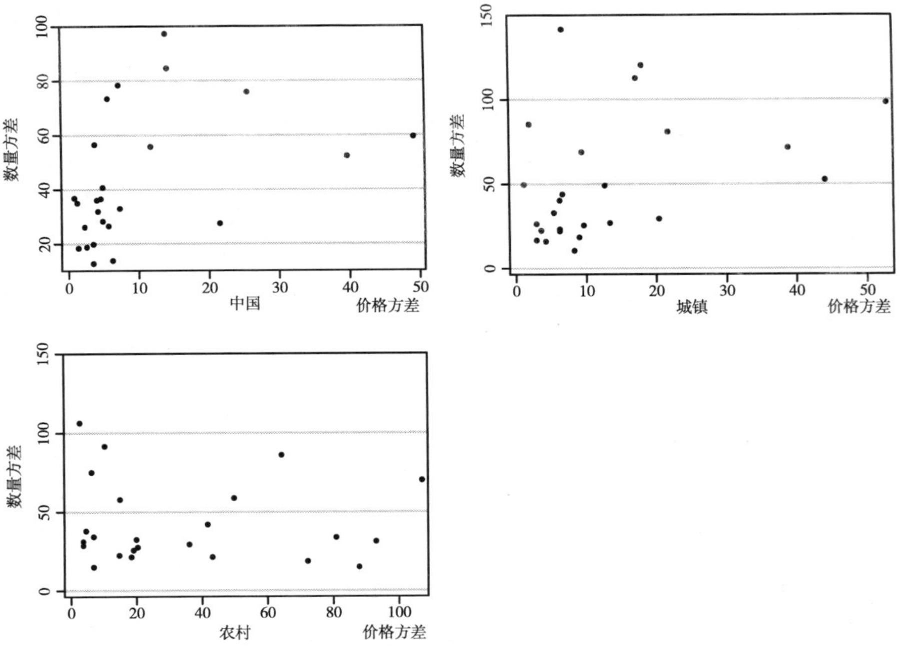

图 4－2　城乡和全国 Divisia 价量相关性图

表 4－6　　特征事实的统计性检验

特征事实	城镇	农村	中国
价格方差大于数量方差	2.17（0.021）**	2.96（0.057）*	2.07（0.040）**
价量共变	2.34（0.042）**	3.69（0.058）*	2.15（0.067）*
价量相关性	－2.53（0.012）**	－3.65（0.096）*	－2.68（0.076）*
恩格尔法则	－0.17（0.000）***	－0.13（0.000）***	－0.14（0.000）***

注：括号内为 p 值，***、** 和 * 分别表示在 1%、5% 和 10% 的水平上显著。

城乡价格和数量的共变情况可以使用 Divisia 价格数量协方差来衡量。定义协方差为：$\Gamma_t = \sum_{i=1}^{n} \bar{\beta}_{it}(Dp_{it} - DP_t)(Dq_{it} - DQ_t)$，Divisia 相关性指标为：$\rho_t = \frac{\Gamma_t}{\sqrt{\Pi_t K_t}}$，在本书研究的样本期内，城乡的价量 Divisia 相关性指标的均值分别为 －0.22（农村）和 －0.36（城镇），表明这种相关性的强度较弱。我们令原假设 H_0：$\rho = 0$，备择假设 H_1：$\rho < 0$，对这种相关性的显著性进行检验，证实这种相关性显著为负（表 4－6 第二列）。负的相关性意味着消费者所消费的高于平均价格的商品的数量有减少的趋向，这一结果支持需求法则，即其他条件不变，

商品相对价格的增加会使得对该商品的消费下降。

恩格尔法则在这一时期的城乡消费结构变动中是成立的。该法则预计食品的预算份额 β_{Ft} 随着收入（E）的增加而下降，通过估计线性方程 $\beta_{Ft} = \alpha_{F0} + \alpha_{F1}\ln E_t$，对 α_{F1} 的估计结果显示（表 4－6 第四列），农村为－0.13，城镇为－0.17，全国为－0.14。

4.3.2　需求模型和弹性估计

基于上述统计分析，本书对居民消费需求系统进行估计，通过计算各种商品的需求弹性来进一步考察居民消费结构的差异，采用 Rotterdam 需求模型。该模型的优点在于无需对效用函数设定具体的函数形式①，可以直接使用微分方法从理论上进行推导，对于需求函数 $Q_i = Q_i(P_1,\ldots,P_n,E)$，$i = 1,2,\ldots,n$ 进行全微分可以得到：

$$dQ_i = \frac{\partial Q_i}{\partial E}dE + \sum_{j=1}^{n}\frac{\partial Q_i}{\partial P_j}dP_j\ ,\ i = 1,2,\ldots,n \qquad (1)$$

方程两边同时乘以 P_i/E，令 $\beta_i = P_iQ_i/E$ 表示商品 i 的支出份额，进行对数变化后可以得到（令小写字母表示变量取对数）：

$$\beta_i d(q_i) = \theta_i dQ + \phi\sum_{j=1}^{n}\theta_{ij}(dp_j - dP) \qquad (2)$$

其中，dQ 是 Divisia 数量指数，dP 是 Divisia 价格指数，Barten（1964）和 Theil（1965）分别使用微分方法得到 Rotterdam 模型②。

据此设定计量方程为：

$$\bar{\beta}_{it}\Delta q_{it} = \alpha_i + \theta_i\Delta Q_t + \phi\theta_i(\Delta p_{it} - \sum_{j=1}^{n}\theta_j\Delta p_{jt}) + \varepsilon_{it} \qquad (3)$$

其中，α_i 表示满足 $\sum_{i=1}^{n}\alpha_i = 0$ 的第 i 个需求方程的常数项，用来衡量可能存在的偏好变化；$\bar{\beta}_{it}$ 表示商品 i 在两期之间的平均预算份额；$\Delta Q_t = \sum_{i=1}^{n}\bar{\beta}_{it}\Delta q_{it}$ 即为实际收入额的对数变动；ε_{it} 为需求方程 i 的误差项，服从均值为 0，方差为 1 的独立正态分布。

---

① 下文对居民消费偏好变化的研究，对效用函数进行了设定。

② 关于 Rotterdam 需求模型更详细的介绍参见 Theil（1975），Barnett 和 Seck（2007），证实 Rotterdam 模型的估计结果要优于 AIDS 模型。

根据需求理论，该模型需要引入如下三个约束条件：

一是恩格尔加总条件：$\sum_{i=1}^{n}\theta_i = 1$，其中 θ_i 作为边际份额，用来衡量每增加的一单位收入中用于商品 i 的消费的比重。如果 $\theta_i < \bar{\beta}_{it}$，表明商品 i 为必需品，否则该商品为奢侈品。

二是需求系统的线性齐次条件：$\sum_{j=1}^{n}\eta_{ij} = 0\ (\ \eta_{ij} = \phi\theta_i(\delta_{ij} - \theta_j)\ )\ i = 1,2,\ldots,n$

η_{ij} 表示的是第（i，j）个 Slutsky 价格系数，其中 δ_{ij} 表示 Kronecker 乘积（如果 $i=j$，其值为 1，否则值为 0）。该式表明，当实际收入保持不变时，所有价格的同比例变化对商品需求不会产生影响。在线性齐次限制下，Slutsky 矩阵 $[\eta_{ij}]$ 是秩为（$n-1$）阶的对称负半定阵。

三是对称性条件：$\eta_{ij} = \eta_{ji}$，i，$j = 1$，…，n

引入上述理论约束可以减少模型中待估计的未知参数的个数，改进估计的效率。在线性齐次条件下，方程有 n 个未知数和 n 个解释变量。恩格尔加总和对称性条件表明该需求体系可以删去一个方程进行估计。所删除模型中各个系数的估计值可以根据线性齐次性，恩格尔加总和对称性约束，从剩余的 $n-1$ 个方程的估计结果中推断。

4.3.3 实证检验结果

在这一部分，本章基于方程对居民消费构成进行实证检验。需要注意的是，如果回归方程中包含了非平稳时间序列变量，可能会造成虚假回归，需要对变量进行平稳性检验。在本节的实证设定中，所有变量均已调整为对数差分形式（$\Delta x_t = \log X_t - \log X_{t-1}$），对变量 $\bar{\beta}_{it}\Delta q_{it}(i = 1,2,\ldots,n)$，$\Delta Q_t$ 以及 $\Delta p_{it}(i = 1,2,\ldots,n)$ 的平稳性检验结果显示，大多数变量均为平稳的（相关结果见附表），对回归后方程的残差序列的平稳性检验证实残差序列是平稳的，这表明本书所设定的需求体系是合理的。

为估计相关商品的收入和价格弹性，首先需要考察效用函数是否表现为偏好独立，偏好独立意味着对于两种商品，商品 i 的边际效用独立于商品 j 的边际效用。因为本书中的商品是以大类分组的，这种大类往往被认为代表消费者的基本欲望，其在效用函数中也往往表现为相互独立。因此这种偏好独立性存在的可能性较大。本部分假设商品间存在偏好独立性。

使用充分信息极大似然法（FIML）对非线性的需求体系进行估计，表 4-7 给出该需求体系中参数 α_i ，θ_i 以及 ϕ 的估计值。对边际份额的估计可以发现，食物的边际份额农村为 53%，城镇为 29.9%，全国平均为 48.7%。这意味着收入每增加 1 元，城乡居民用于食物的消费支出分别增加 0.299 元，0.53 元，而全国平均用于食品的消费支出增加 0.487 元；对其他商品项的解释也类似。对于收入流动性均显著为负的估计结果也证实对于上文中价量相关性的特征事实。

根据消费方程，收入和 Slutsky（补偿）价格弹性可以写为：$e_i = \theta_i/\bar{\beta}_i$，$e_{ij} = \phi\theta_i(\delta_{ij} - \theta_j)/\bar{\beta}_{it}$，如果商品 i 的收入弹性 e_i 小于 1，我们称该商品为必需品，否则称为奢侈品。

表 4-7　我国居民消费结构估计

	食物	衣着	住房	家庭设备	医疗	交通通信	文娱	其他
				截距				
城镇	0.020 (0.045)	-0.537 (-2.253)	0.404 (2.832)	-0.485 (-0.898)	0.261 (2.453)	0.218 (0.901)	0.312 (1.018)	-0.182 (-0.725)
农村	-0.187 (-2.192)	-0.072 (-0.928)	0.253 (3.271)	-0.013 (-0.174)	-0.007 (-0.103)	-0.019 (-0.299)	-0.015 (-0.204)	0.004 (0.060)
全国	-0.193 (-2.106)	-0.114 (-1.514)	0.262 (3.427)	-0.047 (-0.649)	0.058 (0.857)	-0.049 (-0.791)	-0.012 (-0.174)	0.037 (0.543)
				边际份额				
城镇	0.299 (5.204)	0.193 (6.964)	0.037 (1.647)	0.143 (2.437)	0.046 (3.616)	0.102 (3.823)	0.109 (3.740)	0.070 (1.905)
农村	0.530 (50.90)	0.140 (10.07)	0.132 (13.76)	0.040 (4.371)	0.004 (0.411)	0.016 (2.28)	0.043 (4.302)	0.014 (1.619)
全国	0.487 (46.45)	0.157 (8.32)	0.094 (10.23)	0.061 (6.622)	0.021 (2.364)	0.023 (3.148)	0.049 (5.290)	0.020 (2.679)
				收入流动性				
城镇	-0.346 (-3.387)							
农村	-0.137 (-4.377)							
全国	-0.229 (-6.769)							

表4－8给出了根据表4－7的系数估计值所计算的各类商品的需求收入弹性和需求价格弹性。计算结果表明，食物为必需品，其收入弹性小于1（城乡分别为0.621和0.978，全国平均为0.960）。从全国层面看，医疗、交通通信和文化娱乐等商品具有较明显的必需品特征，而衣着、家庭设备以及住房则表现为奢侈品。

值得注意的是，城乡居民除衣着、食物和家庭设备外，其余几类商品的收入弹性存在较大差异，比如住房，城镇居民视为必需品，而农村住房则表现出奢侈品特征，这可能隐含着城镇居民的住房所具有的福利属性或住房消费支出指标选取的因素。农村居民对于住房的高边际份额（0.132，见表4－7）则表明了农村居民更愿意在住房支出上加大投入，农村居民将住房视为生存消费和享受消费，以及财产储蓄的手段。

医疗和文化娱乐在城镇居民中被视为奢侈品，而在农村居民中表现为必需品，这一方面反映城镇基本的医疗保障和文化娱乐已经得到普及，在追求更好的医疗卫生保健以及娱乐休闲，从而使得这一类商品表现出奢侈品特征，而在农村则由于收入水平较低，基本的医疗保健和文化娱乐仍无法完全得到普及，医疗和文娱在农村可能更多的表现为被动消费，主要是源于医疗和文娱（特别是教育）费用的上涨所导致的农户支出的增加，农村居民在这类支出上还比较有限。

表4－8　城乡居民需求收入和价格弹性

	食物	衣着	住房	家庭设备	医疗	交通通信	文娱	其他
收入弹性								
城镇	0.621	1.532	0.404	1.179	1.299	0.972	1.467	1.895
农村	0.978	1.810	2.634	1.042	0.110	0.212	0.263	0.826
中国	0.960	1.527	1.343	1.606	0.469	0.255	0.407	0.743
商品自身价格弹性								
城镇	-0.151	-0.428	-0.135	-1.239	-0.429	-0.302	-0.452	-0.610
农村	-0.063	-0.213	-0.313	-0.137	-0.015	-0.029	-0.035	-0.112
中国	-0.113	-0.295	-0.279	-0.345	-0.105	-0.057	-0.089	-0.167

表4－8的下半部分为自有价格弹性，可以发现所有商品的自有价格弹性的绝对值均小于1，证实所有商品均为缺乏价格弹性。在8类商品中，对全国居民

消费而言，衣着、住房以及家庭设备的价格敏感程度较高，其他则相对较低。城乡也同样表现出对不同商品的敏感程度差异，对于城镇居民而言，其衣着、家庭设备，医疗保健，交通通信和文化娱乐的敏感程度较高，而农村居民则对衣着和住房有较高的敏感度。

4.4　收入差异对居民消费结构与消费偏好的影响

4.4.1　收入差异对居民消费结构的影响

在对当前我国居民消费行为及消费结构特征的解释上，研究主要集中在讨论可支配收入、未来收入或就业状况的不确定性所产生的影响，但对于未来社会保障的不确定性、居民间收入分配的不平等程度等因素对居民消费行为和结构影响的研究相对较少。

正如前文所述，从三类居民的消费结构对比来看，农民工所反映出来的消费特征，以及其与城乡居民有所差异的消费结构，可以部分地归因为居民间的收入不平等程度的变动，特别是农民工与城镇从业人员间收入差距所经历的倒 U 形变化①。居民间收入差异的扩大，导致其在消费品的选择上会有所差异，从而产生消费结构的差异。本节基于城乡居民收入水平与消费数据，对收入差异与消费水平之间的相关性进行简单考察，并采用消费多样性变动程度来分析收入差异对居民间消费结构的影响。

基于统计数据，可以证实城乡收入差距的增加与城乡居民消费水平的差异正相关。在改革开放初期，农村居民的消费水平较高，从数据上来看，除了 1985 年之前，城乡收入差距的缩小（从 1981 年的 2.23 缩小到 1985 年的 1.835）与城乡之间的消费率差距扩大（从 1981 年的 -11.575 到 1984 年的 -11.982）并存外，此后，随着城乡收入差距逐渐拉大（从 1985 年的 1.859 增加到 1995 年的 2.751），两者之间的消费率差距逐渐减少（由 1985 年的 -10.266 一直到 1995 年的 9.217），即城市居民消费开始赶超农村居民。在 1996 年城乡收入差距

① 详见本书第 3 章的相关分析。

下降到 2.512 时，该年的消费差异也减少到 8.281。此后随着城乡收入差距的持续扩大，两者之间的消费差异也不断扩大。

对这两个变量进行回归分析也证实两者之间存在显著的相关性，即城乡收入差距每缩小 1 个百分点，会导致城乡消费差距减少 0.224 个百分点。而从两变量间的协整检验结果来看，迹统计量和最大单位根检验都证实这两个变量存在 1 个协整方程，因此可以认为两者之间存在长期协整关系。

城乡居民收入差距不仅影响居民消费水平，而且对于城乡居民消费结构也会产生影响，减慢了消费结构的升级过程。本节通过考察居民消费多样性的变动来检验这一结果。

一般而言，收入水平较低的消费者会将大部分收入用于必需品支出，而用较少的收入购买奢侈品。随着收入的增加，必需品占支出的比重会下降，而奢侈品的比重会上升。这意味着在该消费者的消费组合中商品的多样性程度在增加。这种消费多样性的变动可以采用熵指标来予以衡量，给定 n 种商品的支出份额β_1，…，β_n，对应的熵值为$H = \sum_{i=1}^{n} \beta_i \log \frac{1}{\beta_i}$。当 H 为0 时，表示消费者仅消费一种商品，对某一种商品 i 的预算份额$\beta_i = 1$，相应的，如果每种商品的预算份额都相等，那么 H 会达到最大值 $\log n$，表明消费者会将全部的支出花费在更多的商品上，确保商品篮子具有更丰富的多样性。在这个意义上，Theil（1983）认为预算份额的均等化和更为多样化的消费结构是一致的①。

因为 H 随着消费品多样性程度的增加而递增，其与人均收入的增长成正比。这也就意味着收入越高的居民，其消费多样性的程度越大。而收入增加越快，其多样性的增加程度（即 H）也越快。当城乡收入差距拉大时，两者之间消费多样性的差异也会增加。表 4－9 列出使用上述方程得到的相关年份城乡居民消费多样性程度。

本书认为城乡收入差异可能是导致城乡商品多样化程度差异的原因。为证实这一点，我们比较城乡之间的收入差距与城乡消费多样性程度差异之间的相互关系，如果这一假说成立，那么可以推测城乡收入差距的拉大，会导致城乡居民消费多样性的差异进一步被拉大。

① 由于效用函数的凸性也意味着消费者对多样性的效用要大于消费单一商品，即对于 $\lambda \in (0,1)$，$u(\lambda q_1^*, (1-\lambda) q_2^*) > u(q_1^*, 0) = u(0, q_2^*)$。参见 Dixit 和 Stiglitz（1977）。

表 4－9　　城乡商品多样化指数与收入差距

	城镇	农村	收入差距
平均熵（1991—2016）（1）	1.64	1.37	2.53
熵（1991）（2）	1.4	1.2	2.23
熵（2000）（3）	1.48	1.33	2.16
熵（2016）（4）	1.85	1.51	3.28
多样性变化（5）	32.14%	25.83%	
食品对非食品（6）	0.693	0.689	
非食品之间（7）	0.949	0.704	
（6）在（1）中的比重（8）	42.26%	50.29%	

注：（5）=[((4)－(2))/(2)]×100。
资料来源：历年《中国统计年鉴》，作者计算。

表 4－9 第二行为城乡多样化的平均熵指标，城镇从 1991—2016 年的平均熵为 1.64，农村为 1.37，两者之间的差距为 0.27。而完全多样化的熵指标为 2.08（log8）。表 4－9 的第 2—4 行证实在 1991 年城乡居民消费商品多样性的差异为 0.2，而当时城乡居民收入差距为 2.23。在 2000 年城乡居民收入差距缩小到 2.16 时，城乡居民商品多样性的差异下降为 0.15①。到 2016 年，随着城乡居民收入差距拉大到 3.28，居民消费多样性的差异也增大到 0.34。从城乡各自消费多样性的增长率来看，从 1991 年到 2016 年城镇居民的多样性增加 32.14%，而农村居民仅增加 25.83%，而且城镇居民的多样性起点（1.40）要高于农村居民的（1.20）。

本章进一步对城乡收入差距与消费多样性差异进行因果性检验。单位根检验显示在 10% 的显著性水平上拒绝存在单位根的原假设［(其中城乡收入差距的 ADF 检验 t 统计量和 p 值分别为 －3.463（0.0666），而多样性差异的 ADF 检验 t 统计量和 p 值分别为 －3.348（0.0963)］。Granger 因果性检验显示两者之间存在从城乡收入差距到消费多样性的单向因果关系（最优滞后阶数为 2 阶，F 统计量为 2.587，p 值为 0.096），而消费多样性到收入差距的单向因果关系并不显著（F 统计量和 p 值分别为 1.715（0.204)）。这些分析证实城乡居民收入差距的拉

① 1982—1988 年的城乡收入差距均低于 1981 年的水平，而 1989 年后（除 1990 年外）则城乡收入差距持续拉大。因此我们将 1988 年作为收入差距变化的转折点进行分析。

大会影响农村居民消费多样性的增加，特别是影响农村居民对于奢侈品的购买，这是导致农村居民消费增长率下降的主要原因。

这种农村居民奢侈品购买的停滞可以进一步从熵指标中得到显示：我们将这8类商品进一步划分为食品类和非食品类，可以预计，随着收入水平的增加，用于食品类支出的预算份额将会下降，而对非食品类的支出将增加。在此基础上，我们也考察非食品类之间的消费多样性的变化。计算方法如下①，对于两类商品组（食品和非食品），食品的预算份额为β_1，则其余商品的预算份额为$1-\beta_1$，熵指标可以表示为：

$$H=\beta_1\log\frac{1}{\beta_1}+(1-\beta_1)\log\frac{1}{(1-\beta_1)}+(1-\beta_1)\sum_{i=2}^{8}\frac{\beta_i}{1-\beta_1}\log\frac{1}{\beta_i/(1-\beta_1)} \tag{4}$$

所得的城乡熵指标见表4－9第5行和第6行指标，其中第五行指标反映食品和非食品之间的多样化程度变化。其值由上述方程右边的前两项来衡量，城镇居民食品和非食品之间的熵指数为0.693，农村居民食品和非食品之间的熵指数为0.689，两者之间的差距为0.004，远远小于两者按8类商品分组时的多样化指数。这反映出中国作为发展中经济体，食物支出的预算在城乡居民支出中均比较高，随着收入的上升，用于食品支出的份额的减少并不是很多。在1991—2016年城乡居民食品支出的平均预算份额分别为48.51%和54.52%。第6项指标则衡量方程右边的第三项，反映非食品商品之间的多样化程度，城镇居民非食品间消费多样性程度为0.949，而农村居民则为0.704。这表明随着收入水平的增加，居民对非食品类商品的消费多样性程度上升。第7行则衡量食品和非食品之间的熵指标占所有商品类之间多样化程度的比重，随着收入水平的增加，这种比重会下降。这进一步证实城乡收入差距的扩大主要影响农村居民的非食品类商品的消费。

基于商品多样性的分析表明，在整个样本期内，农村居民在食品和非食品消费上的支出份额比城镇居民更为平均，即使收入水平相较期初有了较大的提升，农村居民仍将大部分支出用于食品消费。城乡之间对于非食品类商品的消费多样性的差异则表现出明显的上升趋势，这部分证实了居民收入差距的扩大会使得不同收入水平的消费者在非食品类商品消费支出上的差距扩大。

---

① 更详细的计算方法可以参见Clements等（2005）。

4.4.2　居民消费偏好的模仿性效应

居民间收入差距的存在，不仅对整个消费结构的多样性产生影响，而且也会影响到居民消费偏好的变化。在这一部分，本书在一个广义 Fechner - Thurstone（GF - T）效用函数下考察消费者的偏好与消费品价格和收入之间的关系，并实证考察高收入居民的消费行为是否会对中低收入消费者的偏好结构及其消费行为产生影响①。

Basmann 等（1983）提出了一个刻画商品价格和收入对于居民消费偏好影响的模型，给定直接效用函数为 $U(X;a)$。该函数相对于商品向量 X（由 n 类商品构成）是连续、二阶可微的凹函数。其中 a 表示对效用产生影响的其他参数组成的向量，令 $R_i^{(n)}(X;a)$ 表示商品第 n 类商品 X_n 相对于第 i 类商品 X_i 的边际替代率（$i=1, \dots, n-1$）。

假设该直接效用函数及其一阶和二阶偏导数（分别为 U_i 和 U_{ij}），对于所有位于预算约束上的商品集合 X 的点都是可微的。按照 Tintner（1960）的设定，可以定义 a_k 表示 $U(X;a)$ 在 X 处的偏好变化变量，并且在可微条件下，可以证明至少存在一类商品 i，保证其与第 n 类商品间的相对边际替代率对于这一偏好变化变量的导数不为零，$\dfrac{\partial R_i^{(n)}}{\partial a_k} \neq 0$。

为检验上述偏好变化效应的存在，需要假设偏好变化变量是价格和支出的函数。Basmann 等（1983）指出 Fechner - Thurstone 类型的效用函数可以满足这一要求。

Fechner - Thurstone 直接效用函数的一般形式可以表示为：

$$U(X;P,M,Z,\varepsilon) = \prod_{i=1}^{n} (X_i - \gamma_i)^{\beta_i M_{i0}^{\sigma} \prod_{k=1}^{n} P_{kik}^{\sigma} \prod_{l=1}^{m} z_{l^{il}}^{\sigma} \varepsilon_i}$$

其中，$\beta_i > 0$，$X_i \geqslant \max(0,\gamma_i)$。Z 向量表示除商品价格和自有收入因素外，其他可能影响消费者偏好变化的参数。本节将 Z 定义为城镇居民与农村居民消费品的相对价格。边际替代率的弹性，即相对于 a_j 的变化，可以表示为：

$$\omega_{i,a_j}^{(k)} = \frac{a_j}{R_i^{(k)}} \frac{\partial R_i^{(k)}}{\partial a_j} = \frac{a_j}{U_i} \frac{\partial U_i}{\partial a_j} - \frac{a_j}{U_k} \frac{\partial U_k}{\partial a_j} \tag{5}$$

① 在 4.3 节对居民消费结构的实证分析中，我们假设消费者对于各类商品的消费选择具有偏好独立性。本节并未违背这一假设，而是考察不同收入消费者间的消费活动对消费者偏好结构的可能影响。

U_j 为第 j 种商品的边际效用。本书主要考虑了三个变量对边际替代率的影响，即价格（P）、总支出（M）以及相对消费量（Z）。如果第 i 种商品价格（或 M 或 Z）的变化对于任意两种商品的边际替代率有影响，边际替代率相对于价格（或 M 或 Z）的弹性将不为 0。这表明价格（或总支出，或相对消费量）的变化会导致偏好的变化。比如，如果 $a_k = P_j$，那么从（5）式可以得到 $\omega_{iP_j}^{(k)} = \sigma_{iP_j} - \sigma_{kP_j}$，其中 $\sigma_{iP_j} = \frac{P_j}{U_i}\frac{\partial U_i}{\partial P_j n}$，$\sigma_{ia_k}$ 独立于市场价格 P_k、总支出 M 和相对消费量 Z。

对于 I = 1，2，…，n，令 $\gamma_i = 0$，不失一般性，从（2）式中可以推导出一般形式的需求函数为：

$$P_i X_i = \beta_i M^{\sigma_{i0}} \left(\prod_{k=1}^{n} P_k^{\sigma_{ik}}\right)\left(\prod_{l=1}^{n} Z_l^{\tilde{\sigma}_{il}} \varepsilon_i\right) \tag{6}$$

定义支出份额为：$M_i = \frac{P_i X_i}{M}$，可以得到：

$$\frac{M_i}{M_k} = \frac{\beta_i}{\beta_k} M^{\sigma_{i0} - \sigma_{k0}} \left(\prod_{j=1}^{n} P_j^{\sigma_{ij} - \sigma_{kj}}\right)\left(\prod_{l=1}^{m} Z_l^{\tilde{\sigma}_{il} - \tilde{\sigma}_{kl}}\right) \frac{\varepsilon_i}{\varepsilon_k} \tag{7}$$

两边取对数，得到该式的表达式为：

$$\ln\left(\frac{M_i}{M_k}\right) = \ln\left(\frac{\beta_i}{\beta_k}\right) + \omega_{iM}^{(k)} \ln M + \sum_{j=1}^{n} \omega_{iP_j}^{(k)} \ln P_j + \sum_{l=1}^{m} \omega_{iZ_l}^{(k)} \ln Z_l + \eta_i^{(k)} \tag{8}$$

其中，$\eta_i^{(k)} = \ln\varepsilon_i - \ln\varepsilon_k$，$\eta_{ti}^{(k)} = \rho\eta_{(t-l)i}^{(k)} + u_{ti}$，$-1 < \rho < 1$，$u_{ti} \simeq iidN(0,\ \sigma_u^2 I)$。

由（7）式可知，给定一个一阶自回归过程，可以直接根据价格数据和居民消费支出数据来估计 $\omega_{ia_k}^{(k)}$。随机的偏好变动 u 会通过上述自回归过程来对消费者未来的消费行为产生影响，并且这种一阶自回归过程对于所有类型的商品都是相同的。本书采用广义最小二乘法对对数形式的方程进行估计，如果 $\omega_{iP_j}^{(k)}$，$\omega_{iM}^{(k)}$ 和 $\omega_{iZ_l}^{(k)}$ 的系数在统计上显著不为 0，可以认为消费者的消费偏好会发生变化。

为对方程（8）进行实证检验，首先对所需要使用的价格和支出数据进行说明。相关数据均取自各年中国城镇家庭收支调查和中国农村家庭收支调查以及中国统计年鉴。

与上文一致，在本部分仍然将消费支出分为“食物、衣着、家庭设备用品和服务、医疗保健和个人用品、交通和通信、娱乐教育文化用品、居住以及其他”八项进行分析，将统计年鉴中的各名义项按照价格指数（以 1997 年 = 100）进行平减得到实际消费，根据统计年鉴提供的城镇和农村食品、衣着、家庭设备用品及服务、医疗、娱乐这 5 项价格指数分别对这 5 项进行平减，因为分项价格指数缺失，则使用城镇和农村一般价格指数进行平减，对于其他项也使用一般价格指数进行平减，将各子项的实际消费相加得到城镇居民实际消费支出和农村居民实际消费支出。方程中的相对价格比为城镇居民消费价格指数（CPI）除以农村居民 CPI。本节主要考察两类消费者之间的影响，因此对于城镇家庭而言，所采用的应该为 Z 的倒数。

所用的数据年份为 1997—2016 年，对两类居民的方程（7）的估计允许本节检验每类居民中可能存在的消费偏好变化。预期这种效应在城镇居民消费中出现的可能较大，因为城镇居民的平均可支配收入更高，其消费行为的显示作为更为明显。表 4 – 10 和表 4 – 11 分别给出城镇居民和农村居民选择不同类型商品组作为基准组的相对值消费估计结果。可以依次考察 $\omega_{iP_j}^{(k)}$，$\omega_{iM}^{(k)}$ 和 $\omega_{iZ_t}^{(k)}$ 的统计显著性，从直觉上来看，当第 j 种商品的价格变化时，$\omega_{iP_j}^{(k)}$ 可以反映该类商品与其他商品间边际替代率的变化程度和变化特征。$\omega_{iM}^{(k)}$ 反映了支出对该商品价格调整的影响，$\omega_{iZ_t}^{(k)}$ 则反映了商品相对价格的变化对消费者消费偏好的影响。在估计结果中 $\hat{\omega}_{35}^{(1)}$ 表示上标为 1 的商品组作为基准的情况下，第五类商品价格变化导致的第三类商品相对于基准商品的边际替代率变动。

因为 $\omega_{ij}^{(k)} = -\omega_{kj}^{(i)}$，在表 4 – 10 和表 4 – 11 仅各自给出了一半的参数估计值，结果显示无论是城镇居民还是农村居民，商品组的价格指数变动对于商品间的替代效率的影响主要体现在家庭设备和医疗保健方面，而且基于城镇居民的检验结果相对显著的系数更多。

对于支出变化下，商品间边际替代率的变化结果显示，农村居民的消费不存在这种偏好改变效应。而城镇居民的消费可以证实，随着收入的增加，其对耐用品或者更为昂贵商品的消费上表现出了消费偏好变化的特征。

给定上述回归结果，在判断消费行为对消费偏好的影响时，本节依次检验价格齐次性假设和支出与价格齐次性假设。对于价格齐次性检验，给定假设检验 1（H1）：$\sum_{j=1}^{7}\omega_{iP_j}^{(k)} = 0$，当价格的齐次性被拒绝时，意味着偏好结果会发生变化。对总支出和价格同时进行齐次性检验，设定假设检验 2（H2）：$\sum_{j=1}^{5}\omega_{iP_j}^{(k)} + \omega_{iM}^{(k)} = 0$。拒绝该假设表明存在消费偏好变化。

比较上述两个假设检验，可以证实假设检验 1 是对偏好变化的更弱的检验，

表 4-10　城镇居民相对消费估计结果

	截距	ω_{i0}^{1}	ω_{i1}^{1}	ω_{i2}^{1}	ω_{i3}^{1}	ω_{i4}^{1}	ω_{i5}^{1}	ω_{i6}^{1}	ω_{iZ}^{1}
	食品为基准（上标为1）								
衣着	-1.627 (-1.023)	0.436 (2.290)	2.734* (5.519)	0.145 (0.302)	-0.089 (-0.184)	0.173 (0.642)	-3.440* (-2.899)	0.004 (0.013)	-1.510 (-1.804)
家庭设备	-0.161 (-0.034)	-0.776 (-1.378)	-3.058 (-2.085)	-3.841* (-2.702)	0.606 (0.425)	-1.259 (-1.576)	8.369* (2.382)	-0.317 (-0.392)	-1.191 (-0.480)
医疗保健	-12.370* (2.598)	0.794 (1.396)	-1.213 (-0.818)	-1.106 (-0.769)	-0.374 (-0.259)	-0.129 (-0.159)	3.273 (0.921)	0.133 (0.163)	-3.394 (-1.355)
住房	-4.565 (-2.118)	0.783* (3.038)	-0.685 (-1.020)	0.903 (1.389)	-1.366 (-2.095)	-0.885* (-2.422)	2.046 (1.273)	-0.584 (-1.581)	-1.134 (-1.000)
文娱	-2.704 (-0.718)	0.334 (0.744)	-0.864 (-0.737)	0.066 (0.058)	-1.797 (-1.577)	-0.256 (-0.401)	2.669 (0.951)	-0.129 (-0.200)	-3.394 (-1.714)
	衣着为基准（上标为2）								
	截距	ω_{i0}^{2}	ω_{i1}^{2}	ω_{i2}^{2}	ω_{i3}^{2}	ω_{i4}^{2}	ω_{i5}^{2}	ω_{i6}^{2}	ω_{iZ}^{2}
家庭设备	1.466 (0.307)	-1.212* (-2.127)	-5.793* (-3.902)	-3.986* (-2.771)	0.694 (0.481)	-1.432 (-1.772)	11.81* (3.321)	-0.320 (-0.392)	0.319 (0.127)
医疗保健	-10.74* (-2.171)	0.359 (0.607)	-3.947* (-2.561)	-1.250 (-0.837)	-0.285 (-0.190)	-0.302 (-0.360)	6.713 (1.819)	0.129 (0.153)	-1.885 (-0.724)
住房	-2.939 (-1.269)	0.347 (1.255)	-3.419* (-4.742)	0.758 (1.086)	-1.278 (-1.824)	-1.059* (-2.697)	5.486* (3.177)	-0.588 (-1.481)	0.376 (0.308)

续表

	衣着为基准（上标为 2）								
	截距	ω_{i0}^2	ω_{i1}^2	ω_{i2}^2	ω_{i3}^2	ω_{i4}^2	ω_{i5}^2	ω_{i6}^2	ω_{iZ}^2
文娱	-1.077 (-0.293)	-0.101 (-0.229)	-3.598* (-3.13)	-0.078 (-0.070)	-1.708 (-1.532)	-0.430 (-0.688)	6.109* (2.223)	-0.133 (-0.210)	-1.885 (-0.972)
	家庭设备为基准（上标为 3）								
	截距	ω_{i0}^3	ω_{i1}^3	ω_{i2}^3	ω_{i3}^3	ω_{i4}^3	ω_{i5}^3	ω_{i6}^3	ω_{iZ}^3
医疗保健	-12.21* (-2.542)	1.571* (2.735)	1.845 (1.234)	2.736 (1.888)	-0.979 (-0.674)	1.130 (1.388)	-5.097 (-1.422)	0.450 (0.546)	-2.204 (-0.872)
住房	-4.404 (-0.756)	1.559* (2.239)	2.374 (1.308)	4.745* (2.699)	-1.972 (-1.118)	0.374 (0.378)	-6.324 (-1.455)	0.268 (-0.268)	0.057 (0.018)
文娱	-2.543 (-0.630)	1.111* (2.302)	2.194 (1.744)	3.908* (3.206)	-2.403* (-1.966)	1.003 (1.464)	-5.701 (-1.892)	0.188 (0.271)	-2.204 (-1.037)
	医疗保健为基准（上标为 4）								
	截距	ω_{i0}^4	ω_{i1}^4	ω_{i2}^4	ω_{i3}^4	ω_{i4}^4	ω_{i5}^4	ω_{i6}^4	ω_{iZ}^4
住房	7.804 (1.539)	-0.012 (-0.019)	0.529 (0.335)	2.008 (1.313)	-0.993 (-0.647)	0.757 (-0.880)	-1.227 (-0.324)	-0.717 (-0.825)	2.260 (0.847)
文娱	9.666* (3.233)	-0.460 (-1.286)	0.349 (0.375)	1.172 (1.299)	-1.423 (-1.573)	-0.127 (-0.252)	-0.604 (-0.271)	-0.262 (-0.511)	0.0001 (0.0008)
	住房为基准（上标为 5）								
	截距	ω_{i0}^5	ω_{i1}^5	ω_{i2}^5	ω_{i3}^5	ω_{i4}^5	ω_{i5}^5	ω_{i6}^5	ω_{iZ}^5
文娱	1.862 (0.511)	-0.448 (-1.028)	-0.180 (-0.158)	-0.837 (-0.760)	-0.431 (-0.390)	0.629 (1.018)	0.623 (0.229)	0.455 (0.728)	-2.260 (-1.178)

表 4－11　　农村居民相对消费估计结果

	食物为基准（上标为 1）								
	截距	ω_{i0}^{1}	ω_{i1}^{1}	ω_{i2}^{1}	ω_{i3}^{1}	ω_{i4}^{1}	ω_{i5}^{1}	ω_{i6}^{1}	ω_{iZ}^{1}
衣着	－1.854 （－1.0069）	0.114 （0.592）	1.606* （2.541）	0.069 （0.116）	－1.071 （－1.761）	0.003 （0.006）	－1.644* （－1.474）	0.998 （3.110）	0.420 （0.612）
家庭设备	－7.736 （－1.517）	1.285* （2.267）	2.595 （1.396）	－0.491 （－0.280）	2.025 （1.133）	0.780 （0.606）	－4.531 （－1.381）	－0.774 （－0.828）	0.330 （0.164）
医疗保健	－13.270* （－3.539）	0.848* （2.362）	－0.819 （－0.600）	－0.740 （－0.574）	0.174 （0.132）	0.252 （0.267）	0.151 （0.063）	2.206* （3.211）	2.626* （2.769）
住房	－7.406* （－3.604）	0.833* （3.648）	－0.814 （－1.088）	－1.012 （－1.432）	0.153 （0.213）	－0.225* （－0.433）	0.064 （0.048）	2.263* （6.010）	3.242* （3.985）
文娱	－7.113 （－1.371）	－0.421 （－0.731）	－1.784 （－0.944）	－1.122 （－0.629）	－1.425 （－0.784）	0.330 （0.252）	4.082 （1.224）	1.323 （1.392）	5.511* （2.684）
	衣着为基准（上标为 2）								
	截距	ω_{i0}^{2}	ω_{i1}^{2}	ω_{i2}^{2}	ω_{i3}^{2}	ω_{i4}^{2}	ω_{i5}^{2}	ω_{i6}^{2}	ω_{iZ}^{2}
家庭设备	－5.882 （－1.038）	1.171 （1.858）	0.989 （0.479）	－0.561* （－0.288）	3.096 （1.558）	0.778 （0.543）	－2.887 （－0.792）	－1.762 （－1.697）	－0.090 （－0.040）
医疗保健	－11.42* （－2.809）	0.734 （1.626）	－2.425* （－1.638）	－0.810 （－0.579）	1.245 （0.874）	0.250 （0.243）	1.795 （0.687）	1.218 （1.635）	2.206 （1.371）
住房	－5.552* （－2.115）	0.719* （2.344）	－2.420* （－2.407）	－1.081 （－1.139）	1.224 （1.265）	－0.227* （－0.326）	1.708* （0.962）	1.274* （2.520）	2.823* （2.582）

续表

	衣着为基准（上标为2）								
	截距	ω_{i0}^{2}	ω_{i1}^{2}	ω_{i2}^{2}	ω_{i3}^{2}	ω_{i4}^{2}	ω_{i5}^{2}	ω_{i6}^{2}	ω_{iZ}^{2}
文娱	-5.259 (-1.007)	-0.535 (-0.923)	-3.389 (-1.782)	-1.191 (-0.663)	-0.355 (-0.194)	0.328 (0.248)	5.726 (1.705)	0.334 (0.350)	5.091* (2.462)
	家庭设备为基准（上标为3）								
	截距	ω_{i0}^{3}	ω_{i1}^{3}	ω_{i2}^{3}	ω_{i3}^{3}	ω_{i4}^{3}	ω_{i5}^{3}	ω_{i6}^{3}	ω_{iZ}^{3}
医疗保健	-5.534 (-0.665)	-0.436 (-0.472)	-3.414 (-1.125)	-0.249 (-0.087)	-1.851 (-0.634)	-0.528 (-0.251)	4.682 (0.874)	2.980* (2.253)	2.296 (0.696)
住房	0.330 (0.061)	-0.452 (-0.754)	-3.409 (-1.736)	-0.521 (-0.281)	-1.872 (-0.991)	-1.005 (-0.738)	4.595 (1.326)	3.036* (3.075)	2.913 (1.365)
文娱	0.623 (0.062)	-1.706 (-1.528)	-4.378 (-1.196)	-0.631 (-0.183)	-3.451* (-0.980)	-0.450 (-0.177)	8.612 (1.133)	2.097 (1.139)	5.181 (1.302)
	医疗保健为基准（上标为4）								
	截距	ω_{i0}^{4}	ω_{i1}^{4}	ω_{i2}^{4}	ω_{i3}^{4}	ω_{i4}^{4}	ω_{i5}^{4}	ω_{i6}^{4}	ω_{iZ}^{4}
住房	5.864 (1.479)	-0.015 (-0.035)	0.005 (0.004)	-0.272 (-0.199)	-0.021 (-0.015)	-0.477 (-0.476)	-0.087 (-0.034)	0.057 (0.078)	0.617 (0.393)
文娱	6.157 (1.966)	-1.270* (-3.648)	-0.964 (-0.845)	-0.382 (-0.354)	-1.599 (-1.457)	0.078 (0.098)	3.931 (1.952)	-0.883 (-1.539)	2.885 (2.326)
	住房为基准（上标为5）								
	截距	ω_{i0}^{5}	ω_{i1}^{5}	ω_{i2}^{5}	ω_{i3}^{5}	ω_{i4}^{5}	ω_{i5}^{5}	ω_{i6}^{5}	ω_{iZ}^{5}
文娱	0.294 (0.054)	-1.254 (-2.063)	-0.970 (-0.486)	-0.110 (-0.058)	-1.579 (-0.823)	0.555 (0.401)	4.018 (1.142)	-0.940 (-0.937)	2.268 (1.047)

拒绝假设检验 1 意味着假设检验 2 会随着相对价格的变化而变化。当同时拒绝 H1 和 H2 时，消费偏好会随着不同收入群体的相对价格及其收入水平的变化而变动。在无法拒绝 H1 的情况下，拒绝 H2 意味着消费偏好随着收入水平的变化而改变。表 4－12 和表 4－13 给出了基于上述城乡居民的估计系数所测算的消费偏好检验结果。

对于两类居民上述齐次性假设的检验可以证实，农村居民并没有可能存在的偏好变化效应；而在城镇居民中，商品消费类型上表现出消费偏好改变的特征，因此可以证实，城镇居民收入水平的提高会导致本区域内相对低收入消费者消费偏好的改变。

表 4－12　城镇居民消费偏好检验

食物为基准	衣着	家庭设备	医疗	住房	文娱
H1	6.530 (0.021)	0.833 (0.374)	1.116 (0.306)	5.189 (0.036)	0.504 (0.488)
H2	0.0146 (0.9054)	0.0909 (0.7667)	2.218 (0.155)	0.255 (0.620)	0.001 (0.974)
衣着为基准		家庭设备	医疗	住房	文娱
H1		3.078 (0.097)	3.378 (0.084)	0.133 (0.720)	0.143 (0.710)
H2		0.066 (0.800)	2.167 (0.159)	0.306 (0.588)	0.007 (0.933)
家庭设备为基准			医疗	住房	文娱
H1			0.023 (0.881)	2.499 (0.132)	2.979 (0.1025)
H2			3.140 (0.094)	0.185 (0.672)	0.146 (0.707)
医疗为基准				住房	文娱
H1				3.844 (0.067)	6.638 (0.020)
H2				1.402 (0.253)	5.432 (0.032)
住房为基准					文娱
H1					0.377 (0.548)
H2					0.070 (0.795)

表 4－13　　　　农村居民消费偏好检验

食物为基准	衣着	家庭设备	医疗	住房	文娱
H1	0. 034 (0. 856)	0. 261 (0. 616)	4. 618 (0. 046)	1. 891 (0. 187)	3. 179 (0. 092)
H2	0. 032 (0. 860)	0. 681 (0. 421)	6. 846 (0. 018)	8. 458 (0. 010)	0. 805 (0. 370)
衣着为基准		家庭设备	医疗	住房	文娱
H1		0. 163 (0. 692)	4. 249 (0. 055)	1. 299 (0. 270)	3. 356 (0. 085)
H2		0. 473 (0. 501)	5. 465 (0. 032)	4. 214 (0. 056)	0. 692 (0. 417)
家庭设备为基准			医疗	住房	文娱
H1			1. 639 (0. 218)	1. 015 (0. 328)	1. 392 (0. 254)
H2			0. 452 (0. 510)	0. 107 (0. 747)	0. 002 (0. 965)
医疗为基准				住房	文娱
H1				1. 741 (0. 205)	0. 144 (0. 709)
H2				0. 935 (0. 347)	2. 710 (0. 118)
住房为基准					文娱
H1					1. 377 (0. 257)
H2					0. 058 (0. 812)

4.5　小　　结

在本章中我们从三类居民消费比较的角度对农民工和城乡居民的消费水平与消费结构进行分析。本章的研究发现，农民工作为城镇与农村居民消费行为的传递者，起到了模仿城镇居民消费，引领农村居民消费的作用。从农民工与城乡居民的消费水平比较来看，农民工的收入水平已经逐渐接近城镇居民的平均可支配收入水平，达到农村居民人均纯收入的两倍以上。但是，农民工平均消费倾向是三类居民组中最低的。农民工的消费水平仅略高于农村居民的平均消费支出水平，与两者间的收入差距情况并不匹配。而和城镇居民的消费相比，农民工的消费水平仅仅为城镇居民平均消费支出的一半左右，但从趋势上看，农民工的消费支出的增速快于城镇居民，因此与城镇居民间的消费差异在缩窄。

在对三类居民的消费结构进行描述性定量分析的基础上，本章基于 1981 年以来的城乡消费数据，对我国居民消费结构及其变动进行了实证分析。研究证实农村居民和城镇居民在住房、医疗、文娱上存在明显差异，城镇居民消费更多的奢侈品，而农村居民的消费更多集中在必需品上。这一计量分析结果与我们关于居民消费结构变化的描述性分析结果是一致的。而农民工的消费结构则具有较为明显的城镇偏向性。

本章使用衡量消费多样性的熵指标分析居民收入差距对居民消费结构的影响，本章证实两者之间存在显著的正相关性。因果性分析也显示居民收入差距拉大是导致其消费水平和消费结构差异的主要原因。而基于一个一般化的直接效用函数，本章实证对城乡居民消费偏好特征进行了检验，证实在城镇居民中，存在着随着收入水平上升而出现的消费偏好变化特征。这一结论隐含着，随着农民工收入水平的上升和市民化程度的逐步提高，其消费行为也会发生相应的偏好转变，从而对其自身的消费结构以及整个社会消费升级产生积极影响。

而这种城乡消费结构之间的差异归根到底是我国城乡之间经济结构和社会结构相重叠的“双层二元结构”所致（刘易斯，1990）。而城乡收入分配差距的拉大以及农村居民消费环境、消费习惯的制约，使得我国城乡居民消费结构升级的时间差过大，阻碍城乡消费链的平衡推移，城镇居民消费升级后所过剩的商品无法及时地由农村来接纳和吸收，在城乡居民之间形成差距较大的消费断层，而随着农民工收入水平的提高和其消费偏好的逐步改变，其可能会成为填补这一断层的中间消费阶层。

本章的研究证实，农民工数量巨大，但是其消费模式较为单一、消费水平相对略低，与城镇本地居民差异较大。如果这些农民工能够在城市定居落户，对促进消费会具有直接影响，消费结构也会明显升级，从而有效扩大内需，促进经济增长。

此外，给予农民工城市居留权能够影响其消费结构，这就需要通过进一步深化基本公共服务均等化以及社会保障体系有关的制度改革来实现。

附表　　　　需求系统变量的单位根检验

变量	城镇	农村	中国	变量	城镇	农村	中国
$\beta_{1t}\Delta q_{1t}$	-5.005***	-3.430*	-2.907*	Δp_{1t}	-3.448*	-3.907**	-4.355**
$\beta_{2t}\Delta q_{2t}$	-3.588*	-3.081	-2.636*	Δp_{2t}	-2.790	-3.399*	-3.170
$\beta_{3t}\Delta q_{3t}$	-3.391*	-2.937	-2.089	Δp_{3t}	-2.824	-4.362**	-4.681***
$\beta_{4t}\Delta q_{4t}$	-2.989	-4.686***	-2.346	Δp_{4t}	-3.634**	-4.692***	-4.562***
$\beta_{5t}\Delta q_{5t}$	-4.575***	-1.859	-1.780	Δp_{5t}	-3.047	-4.475**	-4.026**
$\beta_{6t}\Delta q_{6t}$	-4.603***	-4.426***	-4.032***	Δp_{6t}	-3.799**	-3.719**	-4.045**
$\beta_{7t}\Delta q_{7t}$	-4.52***	-3.555*	-2.706*	Δp_{7t}	-2.663	-3.219*	-2.334
$\beta_{8t}\Delta q_{8t}$	-5.375**	-3.462*	-3.360**	Δp_{8t}	-3.065	-6.161***	-4.078**
方程 1	-4.856***	-4.486***	-4.961***	方程 5	-3.552*	-2.417	-3.422**
方程 2	-5.421***	-3.556*	-4.502***	方程 6	-5.871***	-4.070**	-3.996***
方程 3	-4.761***	-4.673***	-4.600***	方程 7	-8.762***	-3.545*	-5.524***
方程 4	-6.414***	-4.085**	-3.893***	方程 8	-7.701***	-3.211*	-3.082**

注：***、**、*分别表示在 1%、5% 和 10% 的显著性水平下显著。

第5章 居民收入差异、恩格尔法则与消费结构变迁①

基于上文对农民工的收入及其与城镇居民的消费水平和消费结构比较分析的基础上，本章提出一个理论分析框架，探讨在新型城镇化背景下，农民工收入水平的提高如何对整个经济体的产业和消费结构产生影响。本章在一个需求驱动结构变迁的理论框架下，同时考察了经济体劳动力和产出比重从农业部门向非农业部门的转移以及在城镇部门中，农民工从非正式就业（低技术行业）向正式就业（高技术行业）的转变这两种结构变迁过程。经济主体的收入差异会通过其消费需求因素对部门转移以及行业发展产生影响，由非齐次偏好设定所构建的恩格尔法则是经济在发展过程中发生产业结构和消费结构变迁的主要驱动力。而推动这种结构变迁的机制源自生产力改进和产品需求规模扩大之间的双向因果效应，主要表现在适度的收入差距有利于新产品的引进。而消费者的示范效应和生产率的改进则推动了新产品行业生产规模的扩大。这种生产率和市场规模之间的良性循环也带来了各类劳动力收入水平的提高，逐步改善各类劳动者的收入不平等程度。

5.1 导　论

居民收入对消费结构影响的分析，一般是在经济增长的理论框架下展开的。随着城镇化的发展和经济增长，经济体内各部门的产出和就业份额会逐渐发生结构变化，从而带来消费结构的变动。发展中国家的增长经历证实农业比重相

① 本章基于庄佳强（2010）第七章修改。

对于工业和服务业比重会不断下降。工业化国家在过去 50 年的增长经历也表明服务业部门的就业份额相对于制造业大幅增加，一般将这种结构变迁的经验事实称为“库兹涅茨事实[①]”。

Pasinetti（1981）最早明确指出应该将结构变迁视为经济增长过程中的内生结果，并且强调在结构变迁过程中需求组成的推动作用。他认为消费者收入的增加并不是同比例地增加其对所有商品的需求，消费者对某种商品需求的餍足，使其会追求其他更好的商品。因此，他认为随着收入增加，恩格尔曲线是 S 型的。一个行业需求增长率的下降会导致其相对生产率的下降，而消费者会将增加的收入用于购买新产品，使得提供新产品的行业由于需求的激增而加速发展，推动资本和劳动从衰落行业转移到新兴行业，因此消费方式的变动就推动了行业变动，产生结构变迁过程。基于这一论述，消费者在大多数商品上的支出大致服从图 5－1 的方式，绝对必需品（如食品）的消费支出在达到最高值后并不会下降。因为其主要用于满足日常生活需要，而其他大多数非劣等商品，其消费支出往往会经历 S 型变动，先增加，后减少。Pasinetti 认为这种产品消费的支出方式与行业的增长率变动之间存在稳定的联系，而这种联系使得经济发展过程中出现了行业和居民消费行为的结构性变动。

大量的研究考察了随着经济发展所出现的产业和消费结构变迁过程，即劳动力和产出比重由农业部门为主向第二、三产业为主的转变过程（比如 Hansen 和 Prescott，2002；Acemoglu 和 Guerrieri，2008），而对于工业部门内部所发生的产品多样化的结构变迁过程则相对分析较少。Matasuyama（2002）从收入分配角度对这一过程进行理论探讨，认为收入不平等也会对经济主体消费的产品产生影响，出现从低技术产品消费到高技术产品消费的转变。而 Foellmi 和 Zweimueller（2007）则试图在内生增长框架下研究这种结构转变过程，分析经济增长过程中出现的可供消费的产品种类越来越多，而且产品的技术含量水平也越来越高的现象。他们的研究更注重平衡增长与部门结构变迁的协同性。本章试图从消费支出和不同类型消费主体的收入差异视角，解释经济发展过程中同时

① 结构变迁的“库兹涅茨事实”（Kuznets' Facts）主要是指（1）经济部门间经历农业的产出和就业比重持续下降以及其他产业的产出和就业比重上升的过程；（2）农业人均生产率上升速度低于整个经济体的平均生产率增长水平。工业和服务业的生产率比总体生产率增加得快，但是增速递减，最终各个部门会收敛到经济体的平均生产率水平；（3）在工业部门内部产出和就业比重从消费品行业向资本品行业转变；（4）不同产品收入弹性不同且会发生变化。但在经济增长理论领域，一直以来“卡尔多事实”对长期总量行为的描述得到大多数实证文献的证实，使得研究增长理论的学者一般并不研究结构变迁问题，或者假定经济是平衡增长的。

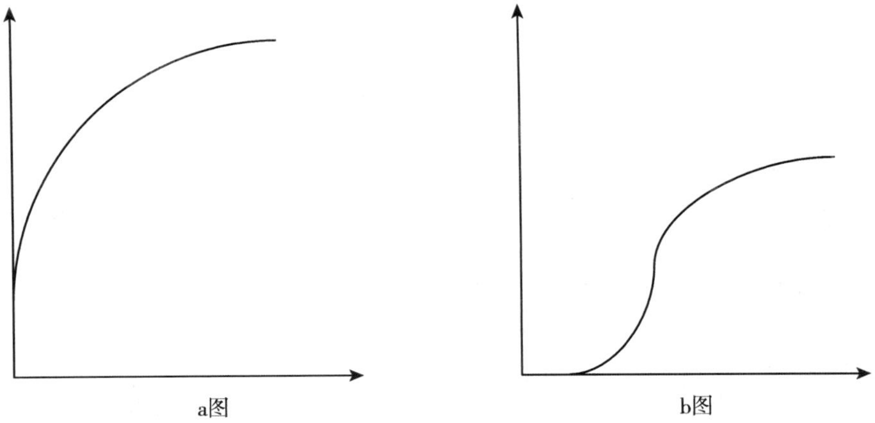

图 5 -1　两类商品的恩格尔曲线

注：该图根据 Pasinetti（1981，第 73 页）绘制，横轴为实际收入，纵轴表示支出。其中 a 图表示绝对必须品的恩格尔曲线；b 图表示所有其他商品（劣品和绝对必需品除外）的恩格尔曲线。

出现的这两种结构变迁的过程，特别考察经济主体的非线性的收入差异和消费支出对于经济体出现从农业生产向非农产业转移以及非农部门内部消费产品和种类更具多样化的结构变迁的影响。

本章假设经济体中的消费者对于食品消费支出服从线性恩格尔法则，食品作为基本需求需要先得到满足，并且无法被替代，对于其他产品则存在等级需求结构，对各种非食品的消费需求取决于消费者的收入水平，从而在经济体中表现为首先满足基本的消费需求。随着各类经济主体收入水平的增加，而经济体逐步增加对新的非食品产品的消费需求。在这一过程中，收入水平对于需求构成的变动起到重要作用。因为消费需求的等级结构决定了对于新产品的需求首先来自收入水平相对较高的消费者，其对现有商品的消费需求已经达到餍足状态，而适度的收入分配差距会推动一部分消费者对新产品的较高需求，激励企业进行产品创新。而不同收入阶层收入水平的逐步提高，会进一步推高新商品的消费规模，从而带动经济体的消费结构升级和行业结构转变。

本章得到如下结论：首先，在本章所构建的结构变迁模型中，基于非齐次偏好设定的恩格尔法则是经济体在发展过程中从农业向非农业部门转移的主要驱动力，而经济主体之间存在的收入差异也促使非农业部门内部的行业由低技术行业向高技术行业转变。

其次，在分析消费需求对行业发展的作用时，本章证实新消费品生产行业受消费需求刺激，使得初期该消费品出现较快增长，此后，随着该商品市场需求的饱和而出现发展变缓的态势。从而各个消费品行业的变化表现出雁形发展模式，新产品随着收入的增加持续出现，又随着各收入阶层收入水平的提高而逐步扩大消费规模。这种结构变迁的机制是生产率改进带来的收入增加和产品需求规模扩大之间双向因果关系的结果。随着生产率的改进以及收入的增加，新产品可以被更多的消费者所购买，进而产生更大的消费品市场，导致生产率的进一步改进。

最后，本章发现适度收入不平等程度能促进生产率和市场规模之间的良性循环，也间接证实 Kuznets 的倒 U 形假说。适度的收入不平等有利于新产品的引进，从而通过消费者的示范效应和生产率的改进继而推动新产品行业生产规模的扩大；完全的收入平等会推迟新产品的出现，而完全的不平等则会使得新产品规模的扩大无法实现。

5.2　文献述评

在从需求因素解释经济发展中的结构变迁过程的研究中，最主要的分析思路是认为产品之间存在不同的需求收入弹性[①]，于是在经济增长过程中，总量消费中各个产品的消费份额会发生变化，产生消费结构变化和相应的产业结构变迁。这类研究认为经济增长过程中发生的结构变化过程主要是各消费品间收入弹性的变化所导致的资源重新配置引起的。这类文献所强调的产品间收入弹性差异实际上就是强调“恩格尔法则”在结构变迁中所起到的重要作用。

随着计量方法的发展和数据资料的丰富，实证检验的结果证实恩格尔曲线是非线性的（二次型或 S 形）（Hausman，Newey 和 Powell，1995；Blundell 等，

① 张培刚先生从消费结构变动的角度分析需求对于一国工业化的影响，在其 1945 年出版的《农业与工业化》一书中，运用马歇尔“联合需求”的方法，总结生产要素需求的 4 点命题，认为对商品的需求弹性越小，对劳动力的需求弹性就越小，而由于农产品的需求收入弹性较低并且随着人均收入水平的提高而呈下降趋势，而对工业产品的需求则会增加。因此工业化是随着需求结构变动而变化的。（张培刚，1984，第 188－189 页）。钱纳里则对这种需求结构推动的工业化问题进行经验分析（钱纳里和赛尔昆，1988），其整个分析的中心是需求及其结构变动。他的研究证实市场化带动的工业化动因来自消费需求，而消费需求又以个人需求为主，如果这种需求的比率下降过快，个人的以及所有人的消费需求总量就很可能没有增加甚至很可能趋于降低，那么整个经济发展就会失去牵动力。

2007)，这意味着商品的收入弹性会发生变化，从最初的奢侈品（收入弹性大于1）最终转变为必需品（收入弹性小于1）。这使得恩格尔曲线在结构变迁和经济增长中的解释力重新得到了增强。但要从理论上构建这种非线性恩格尔曲线的形式，就要求消费者的效用函数必须是非齐序（Non－Homotheticity）的。

早期的研究主要通过构建非齐序的效用函数来进行分析，假设部门之间存在技术增长率差异（或农业部门不存在技术进步）。这种特定的非齐序偏好以及关于技术和生产的假设，可以在经济增长中实现结构变迁。这类模型的一个突出特点是将土地视为生产要素，并且假定其对农业更重要，因此可以解释从农业到工业部门的结构变迁过程。但是缺陷之一是无法将结构变迁与总量平衡增长相融合（如 Matsuyama，1992；Echevarria，1997；Laitner，2000）。

Kongsamut，Rebelo 和 Xie（2001）尝试从需求角度协调结构变迁与总量平衡增长。在农产品、制造品和服务品的三产品非齐序效用函数，设定三种产品的收入弹性依次递增，制造品的收入弹性为1。他们发现在三部门模型中，伴随着经济增长，农业、制造业和服务业的产出和就业分别经历减少、保持不变和增加的过程。经济体在增长过程中的结构变迁来自消费者的非齐序偏好和外生给定的各部门专有技术进步。但他们的模型存在一个刃锋条件：当总产出的增长率保持不变并且最终产品的技术水平为常数时，才会出现结构变迁过程。其后一些学者试图从多种角度放松这种刃锋条件（Meckl，2002；Stijepic 和 Wagner，2007）。

实际上 Stone－Geary 类型的非齐序效用函数虽然可以产生非线性的恩格尔曲线，但是却无法解释截面数据与时序数据上产生的服务业消费份额与收入关系之间的差异。因此近年来学者开始将消费的“需要等级（hierarchy of needs）”假说与非齐序效用函数相结合来分析结构变迁与总量平衡增长的共存。

“需要等级”假说认为消费者会选择一种特定的顺序进行消费。Matsuyama（2002）研究一个收入分配和大众消费的模型，可消费的商品种类按照人们欲望的优先级进行排序，随着收入的增加依次进入市场。其中新行业的产生来自于对新产品的需求，消费者对该产品的需求方式服从S形恩格尔曲线。新产品初始是奢侈品（收入弹性大于1），最终转变为必需品（收入弹性小于1）。在他的模型中结构变迁来自收入分配的不平等以及依赖于市场规模的行业内部“干中学”效应所导致的产品价格下降过程。

Buera 和 Kaboski（2007，2008a）沿用 Matsuyama（2002）对非齐序函数的设定，强调生产规模服务业内部结构变迁的重要性。他们假定随着收入的上升，消费者对公共品消费产生负效用，从而使得服务业由市场生产转向家庭生产，而只要服务业占产出的份额不变，这种结构变迁过程与总量平衡增长是一致的。模型假定服务业是技术密集型的，将需要等级与技术复杂程度相联系，越高级的需要就要求具有更高生产力的高技术工人进行生产，进而要求由需求规模扩大产生的规模经济来实现。他们的模型是建立在制造业已经实现大规模生产的基础上的，可以视为是对发达国家服务业部门内部结构变迁的解释。

而 Foellmi 和 Zweimueller（2007）则在具有需要等级的非齐序效用函数下试图协调结构变迁和总量平衡增长。他们的模型使用非线性恩格尔曲线来解释结构变迁，结构变迁是由部门之间的收入弹性差异所驱动的，通过假定存在生产的连续性而不是对技术和偏好参数设定限制条件，将结构变迁和“卡尔多事实”相结合。他们认为在整个经济增长过程中，现有产品会产生需求饱和，为使得经济能够持续增长，用于满足新需要的新产品必须连续引进。其中需要的等级性保证结构变迁会随着资源从旧产业转移到新产业的再配置过程而发生，每个产品会从具有高收入弹性的奢侈品转变为具有低收入弹性的必需品。只要总量消费支出的跨期替代弹性不变，非线性的恩格尔曲线与“卡尔多事实”是不冲突的。而消费随着需要等级的变化也表明产品创新对可持续增长的重要作用。这就为经济总量平衡增长与结构变迁之间存在的双向因果关系提供一个解释：由于新产业增长率中起决定作用的是对创新的激励，总量增长率取决于结构变迁；另一方面，结构变迁的速度也取决于总量增长，从而导致多重均衡的产生，其中新产业的创新对于两者之间的正向反馈具有重要作用。

目前另一类研究则主张从供给角度来调和结构变迁和经济增长，这类研究更强调部门内和部门间技术进步的作用。Hansen 和 Prescott（2002）以及 Gollin；Parente 和 Rogerson（2002）等分析经济结构从农业向工业的转变；Ngai 和 Pissarides（2007）在一个多部门框架下，从部门间的 TFP 增长率差异角度出发来解释平衡增长中的结构变迁过程；Acemoglu 和 Guerrieri（2008）在一个两部门增长模型中将内生技术进步与部门间的不平衡增长相结合进行分析。Zuleta 和 Young（2007）从诱致性创新的角度来扩展上述分析，用劳动节约型创新来调和制造业的快速技术进步和就业份额的下降。

而对于不平等程度的变动和结构变迁之间的关系的实证研究相对较少，而探究需求结构作用的分析由于受到数据的约束而更为缺乏。少数几篇对此问题的研究一般都进行两阶段分析，首先考察收入分配对于需求组成的影响，然后，考察需求与导致结构变迁的要素收益或生产率之间的关系。第一阶段实际上即为对 Engel 曲线的实证检验。Janvry 和 Sadoulet（1983）较早对这一关系进行考察，采用不同社会阶层的需求份额来衡量收入分配程度，在对美国、巴西和墨西哥的比较研究中，发现当收入分配非常不平等时，低收入阶层的需求过低会导致主导部门的增长率不足，从而影响经济增长率。此后 Falkinger 和 Zweimuller（1996，1997）的实证分析也支持收入分配导致产品多样化发展的结论。而 Rebeggiani（2005）采用德国家计调查微观数据支持适度收入不平等与结构变迁之间存在的正向关系以及需求组成在其中的传导作用。

5.3 模　　型

5.3.1 生产技术设定

假定经济体中的唯一生产要素是劳动（L），一部分劳动者（l_2）在农业部门从事生产以满足经济体的食品消费支出，农业部门采用李嘉图类型的生产技术：$y_f = h_2 l_2$。参数 h_2 表示农业部门的技术水平。根据 Hansen 和 Prescott（2002）的设定，假设从事农业劳动的劳动力可以自由流动到非农业部门，这就使得均衡配置和最优配置是一致的。但是因为非农业部门就业的劳动力相比与农业部门需要一定的人力资本积累，本章假设农业部门的劳动力转移到非农业部门时，其首先进入其中的低技术产品生产部门（即城镇中的非正式就业）。

在非农业部门中，每单位现有商品生产需要投入 $a^o(t)$ 单位的劳动，生产一单位新产品需要的劳动投入为 $a^n(t)$，但是新产品的出现需要额外投入 $a^r(t)$ 单位劳动的研发，$n(t)$ 表示经济体中在 t 期为止所生产的所有非农产品的种类（第 n 个即为该期的新产品）[①]，知识在各部门间具有溢出效应，表现为投入系数随着产品种类的增加而递减 $a^i(t) = \dfrac{a^i}{n(t)}$，$(i = o,n,r)$。

① 当然，某一期可能同时出现若干种类的新产品，但是基于本书的非农产品种类从简单到高级的设定，可以将当期出现的所有新产品归为一类，这种设定和 Shleifer（1986）的发明设定实际上是一致的。

在非农产品部门中，原有商品生产行业设定的产品价格为：$p^o(t) = w(t)a^o(t)$，其中 $w(t)$ 表示完全竞争劳动市场的工资水平，假设对于各个行业都是相同的。不失一般性，可以假定原有商品的价格为1，稳态时的经济增长率为g，即取决于经济体中非农业部门研发的增长率，农业部门的技术进步率也是外生给定的，但是小于非农业部门的研发速度，于是可以得到非农业部门的所有劳动投入系数以速率g递减，而新出现的产品为与原有产品进行竞争，其定价水平不能高于1，利润即为：$\Pi^n(t) = 1 - w(t)a^n(t)$，由上式及工资条件可以得到非农部门的利润水平为：$\Pi^n(t) = 1 - \frac{a^o(t)}{a^n(t)}$。

在本章的技术设定中，假设唯一的生产要素是劳动，知识水平的增长无须人力资本投资即可外生得到。这种假设是比较极端的，引入实物资本作为生产的另一种要素可以更好地解释事实。知识服从外生增长这一假设无法很好地刻画资本积累对经济主体储蓄的影响和投资对生产率的影响。此外，如果本书放弃了外生技术进步设定，而从经济主体的利润最大化出发来构建内生的技术变迁过程，可能会得到不同的政策含义。但是本章所采用的技术设定的优点在于，一方面使得分析更为简单，另一方面也确保本章所着重探讨的消费结构分析更具意义。

5.3.2　消费者偏好设定

经济增长来自技术进步，创新导致新产品出现。而对于创新的激励则来自于消费需求，后者引起市场规模的动态变化，从而推动行业间的结构变迁过程（包括新行业的兴起和旧行业的衰落）。消费需求对行业间以及行业内部结构变迁过程的影响，主要表现在新产品的出现首先要求至少有部分消费者能够具有对该商品的消费能力，而这就取决于经济体中的收入不平等的程度①。当存在一定程度的收入差异时，新产品的市场需求会在进入市场一段时间后由于低收入者购买能力上升发生跳跃式增加，从而导致新旧产业间发生结构变迁过程（新产业兴起而旧产业衰落），并加快经济增长（加速研发进行）。

① 本书并没有考虑不平等是如何形成的，对于不平等变动的原因解释有很多，包括技术进步的影响，特别是技能偏向的技术进步对非技术工人的影响（Acemoglu，2003，2005）；教育的作用（Fernandez 和 Rogerson，1996）；国际贸易的影响（Wood，1998）等。

适度的收入差异对于新产品在初期的推广是重要的，如果经济体的收入分配非常平等，那么新产品的需求要等到所有居民的收入都达到一定水平时才可能产生，这会延缓新产品进入市场的时间。而适度收入分配差距的存在有利于新产品的引进，因为高收入消费者往往愿意首先使用新产品，这种消费所带来的示范效应也可能会增加其他消费者的购买欲望，随着累积销量的增加，产品质量改进（干中学），价格下降，更低收入水平的消费者能够购买该产品。越来越高的产品消费会导致这个行业的繁荣以及旧行业的规模下降。

假设经济体存在两大类产品，其他商品 c_1（以下简称商品）和食品 c_2，设定消费者 a 的效用函数为：

$$\int_0^\infty e^{-\rho t} U_a(c_1(t), c_2(t))dt \tag{1}$$

其中，$\rho > 0$ 表示贴现率，即期效用函数设定为：

$$U_a(c_1, c_2) = \frac{1}{\gamma}\{(\frac{c_1^{\alpha_1} - 1}{\alpha_1} + a\frac{c_2^{\alpha_2} - 1}{\alpha_2})^\gamma - 1\} \tag{2}$$

其中，$0 < a < \infty$，$-\infty < \alpha_1 \leqslant \alpha_2 \leqslant 1$，$\alpha_1 \neq 1$，$-\infty < \gamma \leqslant 1$。

在本书中，不考虑 $\alpha_1 = \alpha_2 = 1$ 的情况，因此所分析的无差异曲线存在弯曲，当 $\alpha_i \to 0$ 时，$(1/\alpha_i)[c_i^{\alpha_i} - 1]$ 即为 $\ln(c_i)$（$i = 1，2$），如果 $\gamma = 1$，只要 $c_i > 0$ 就可以确保 $U(c_1, c_2)$ 函数是良好定义的（$i = 1，2$）①。

对于商品，本书假设存在 $j \in (1, \infty)$ 种产品，并且按照消费者的需求等级服从由低到高的分布，最低的 j 表示可以满足最基本需要的商品，而越来越高的 j 则与更为奢侈的需求相关，假定每一个商品 j 所提供的消费需求可以带给消费者 $1/j$ 的额外效用，于是消费者对于 c_1 的复合消费可以表示为：$c_1(t) = \int_1^\infty \frac{1}{j} I^j(t)dj$。其中，$I^j(t)$ 表示指标函数，需求 j 被满足时取 1，否则取 0。对于商品的需求按照从基本需要到奢侈品的顺序依次得到满足。假设现有商品种类可以满足消费者的基本需求，而不断出现的新商品则可以更好地满足更高级的需求。当消费者对新商品具有购买能力时，更愿意购买新商品从而获得额外的效用。而食品作为消费者的生活必需品，用于满足最基本的需求，因此必须要消费一定数量。

① 当 $\gamma = 1$ 时，（2）式中的效用函数就是 Houthakker（1960）定义的“直接可加对数（direct addilog）”效用函数。

设定现有商品的价格为 1，消费者 a 的边际效用为 $\lambda^{a}(t)$ 。如果商品价格低于该边际效用（在 $j>1$ 时，$\lambda^{a}(t)<1/j$），那么消费者会选择购买该商品。因为对于每种商品均消费 1 单位，于是 $c_1^a(t)$ 表示消费者 a 能够负担的并且愿意消费的商品需求量。消费者 a 在 t 期对于非农产品的需求即为：$\int_0^{n(t)}\frac{1}{j}I_j^a(t)dt=\int_0^{c_1^a(t)}\frac{1}{j}dt=\ln(c_1^a(t))$ ，其效用函数可以表示为：

$$
\begin{aligned}
U_i(c_1,c_2)&=\frac{1}{\gamma}\left\{\left(\frac{\left(\int_0^{n(t)}\frac{1}{j}I_j^a(t)dt\right)^{\alpha_1}-1}{\alpha_1}+a\frac{c_2^{\alpha_2}-1}{\alpha_2}\right)^{\gamma}-1\right\}\\
&=\frac{1}{\gamma}\left\{\left(\frac{(\ln c_1^a(t))^{\alpha_1}-1}{\alpha_1}+a\frac{(c_2^a(t))^{\alpha_2}-1}{\alpha_2}\right)^{\gamma}-1\right\}
\end{aligned}
\tag{3}
$$

消费者拥有 $A^a(0)$ 数量的初始财富，不考虑资本市场不完善的情况，令稳态时的利率为常数 r，于是消费者的预算约束为：$\int_0^{\infty}e^{-rt}(c_1^a(t)+q(t)c_2^a(t))dt\leqslant A^a(0)+\int_0^{\infty}w(t)e^{-(r-g)t}dt$ 。

根据财富水平的差异，假定经济体中存在两类消费者——低收入者（p）和高收入者（r），低收入者在本章中主要体现为农民工等平均收入水平相对较低的群体。在均衡时，在同一劳动部门就业的两类消费者每期的平均工资是相同的，但低收入者的行业选择受到约束，其更多的是在农业部门和上文中设定的低技术水平的商品生产部门；而高收入者的就业行业没有约束，因此在新产品部门就业的比重更大。此外导致两类消费者收入不平等的因素，还来自他们所拥有的财富水平差异（$A^o(t)>A^p(t)$），这种差异主要源自两类居民在城市所持有的股权资产或其他金融资产的差别。消费者 a 的财富水平与经济体的平均财富水平之比为：$z^a=A^a/\bar{A}$ ，如果农民工等低收入者占人口的比例为 ϕ ，则低收入者拥有的财富份额为 ϕz^p，相应的高收入者拥有的财富比重为 $(1-\phi)z^r$，从而得到 $z^r=\frac{1-\phi z^p}{1-\phi}$ 。该指标值衡量了经济体的不平等程度，可以证实低收入者财富份额（z^p）的增加［低收入人口的比重（ϕ）不变］或者人口比重（ϕ）的下降［低收入者的财富份额（z^p）不变］都会减少经济体的不平等程度。

$c_1^p(t)(c_1^r(t))$ 是经济体中低（高）收入者在 t 期能够购买的所有满足其最高等级需求的商品，这表明对于除食品外的所有其他商品，$j\in[0,c_1^p(t)]$ 是两类消费者都能够负担的商品，而 $j \in [c_1^p(t), n(t)) \cup (n(t), c_1^r(t)]$ 则是只有高收入消费者才能够负担的商品类别，其中 $n(t)$ 是 t 期为止所出现的所有非食品类商品的类型数量。

为简化分析，假设经济体中消费者的财富主要表现为其所拥有行业的份额，$v^k(t)$ 表示行业 k 在 t 期的价值，则在 t 期经济体的总财富为：$V(t) = \int_0^{n(t)} v^k(t)dk$，消费者 a 拥有的财富为：$A^a(t) = z^a V(t)/L$，$(a = p, r)$，L 为经济体的总人数。

5.3.3 行业行为

在新产品投入生产之前，该产品的生产行业需要了解该产品的潜在市场需求，以决定对应的产出水平①，而市场需求又依赖于能够购买这种新商品的消费者的规模。新产品生产者预期随着收入水平的上升，会有更多的消费者有能力购买这种商品，从而可以获得更大的市场份额。

根据新产品出现时两类消费者购买能力的差异，可能存在两种初始情况②：

a. $c_1^p < n < c_1^r$，只有高收入者能够买得起这种新产品 n；

b. $n < c_1^p < c_1^r$，两类消费者都能够买得起这种新产品 n。

令 Y_1^n 和 Y_1^o 分别表示新产品和原有产品的总产量，在上述两种情况下，商品的总产量分别为：

① $Y_1^n(t) = (1-\phi)L(n(t) - c_1^p(t))$ $\quad Y_1^o(t) = (1-\phi)L(c_1^r(t) - n(t)) + c_1^p(t)$ 情形1

② $Y_1^n(t) = Ln(t)$ $\quad Y_1^o(t) = (1-\phi)L(c_1^r(t) - n(t)) + \phi L(c_1^p(t) - n_t)$ 情形2 (4)

劳动是经济体中唯一的生产要素，因此研发新产品和原有产品生产的劳动投入可以分别表示为：$L_1^r(t) = \dot{n}(t)a^r(t)$，$L_1^n(t) = Y_1^n(t)a^n(t)$ 和 $L_1^o(t) = Y_1^o(t)a^o(t)$。总就业水平为：$L_1(t) = \dot{n}(t)a^r(t) + Y_1^n(t)a^n(t) + Y_1^o(t)a^o(t)$，在稳态时，$c_1^p$，$c_1^r$ 和 n 均以相同比率增长，定义 $d^p = c_1^p(t)/n(t)$，$d^r = c_1^r(t)/n(t)$，

---

① 假定人们买不起新产品之前，这种新产品所对应的部分需要可以从现有产品处得到满足，但一旦有能力购买新产品，消费者更愿意使用这种新产品来更好地满足这种需求。比如在随身听出现之前，人们可以拿着录音机满足边走边听的需要，但是一旦随身听的价格在可承受范围内，消费者更愿意使用随身听。

② 当然也存在第三种情况，$c_1^p < c_1^r < n$ 两类消费者都买不起这种新商品，但这意味着在 t 期该商品没有市场，因此不会出现。

$g = \dot{n}(t)/n(t)$ 以及投入系数表达式 $a^i(t) = \dfrac{a^i}{n(t)}$，$(i = o,n,r)$ 。可以将两种需求情况下商品生产部门的劳动约束表示为：

$$L_1 = a^r g + a^n[(1-\phi)(1-d^p)]L_1 + a^o[(1-\phi)(d^r-1)L_1 + d^p] \tag{5}$$

$$L_1 = a^r g + a^n L + a^o[(1-\phi)(d^r-1)L_1 + \phi(d^p-1)L] \tag{6}$$

如果新产品生产企业决定投入生产该新产品，并投放市场，η 表示该产品可以获利的时间。假设在 η 期后会出现更能满足消费者欲望和需要的新技术①，新产品投入市场后，低收入消费者在 μ 期后能够买得起这种商品，那么新产品的价值就可以表示为：

$$v_1^j(t) = \pi\int_t^{t+\eta} D_1^j(\tau)e^{-r(\tau-t)}d\tau$$

$$= \begin{cases} \pi\int_t^{t+\eta}(1-\phi)Le^{-r(\tau-t)}d\tau & \mu > \eta \\ \pi\int_t^{t+\mu}(1-\phi)Le^{-r(\tau-t)}d\tau + \pi e^{-r\mu}\int_{t+\mu}^{t+\eta}Le^{-r(\tau-t-\mu)}d\tau & 0 < \mu \leq \eta \\ \pi\int_t^{t+\eta}Le^{-r(\tau-t)}d\tau & \mu < 0 \end{cases}$$

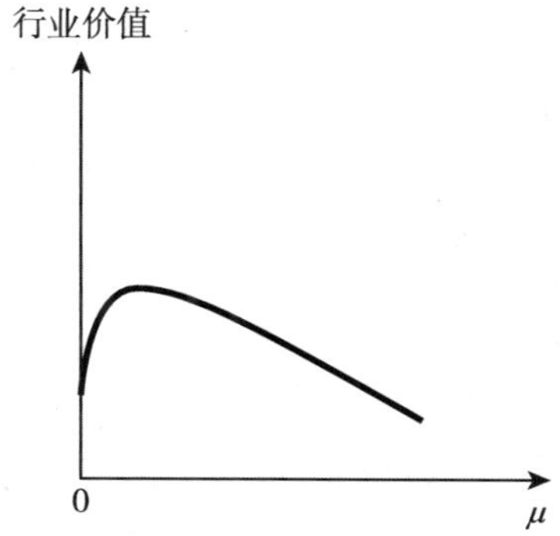

图 5－2　μ 对于企业价值的影响（$0<\mu\leq\eta$）

其中 $D_1^j(\tau)$ 表示在 τ 期该产品的市场需求，上式分别给出了低收入者在新技术过时后仍买不起该产品（$\mu>\eta$）和在推出市场一段时间，但是在过时之前买得起该产品（$0<\mu\leq\eta$）以及新产品推出市场时就能够买得起该产品（$\mu<0$）三种情况下新产品的市场价值。前两种情况对应初始需求条件（情况 1），第三种情况对应初始需求（情况 2），求解该方程可以得到：

① 比如随身听逐渐被 MP3 取代，而后者逐渐被 MP4 取代。

$$v_1^j(t)=\begin{cases}\frac{\pi L}{r}(1-\phi)(1-e^{-r\eta}) & \mu>\eta\\ \frac{\pi L}{r}[(1-\phi)+\phi e^{-r\mu}-e^{-r\eta}] & 0<\mu\leqslant\eta\\ \frac{\pi L}{r}(1-e^{-r\eta}) & \mu<0\end{cases}$$

由该式可知新产品的市场价值取决于其在市场上存在的时间以及低收入者能够买得起的时间，图5－2给出当$0<\mu\leqslant\eta$时，低收入者购买能力到达时期的变动对于产品市场价值的影响。其中纵轴表示该产品的价值，横轴表示低收入消费者能够买得起该产品的时间，可以证实该产品的需求会在时刻μ到来时发生跳跃，即$c_1^p(t+\mu)=c_1^p(t)e^{g\mu}=j$，于是可以得到：$\mu=-(1/g)\ln(c_1^p(t)/j)$，表示更高的经济增长率或者低收入者能够购买该商品的时期到达的越早，那么在新产品出现后，消费者对于新产品需求的增加也出现得越早，从而新产品的市场价值就会越快达到最大。

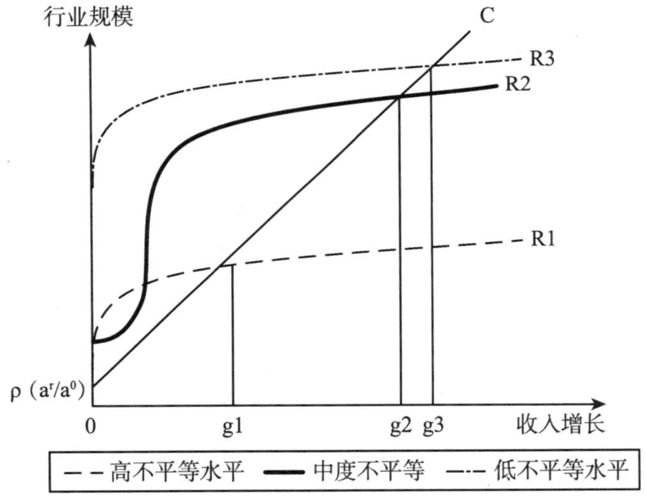

图5－3　不同不平等水平下企业规模的变动

将$d^{pj}=c_1^p(t)/j$代入上式，则新产品的市场价值可以重写为：

$$v_1^j(t)=\begin{cases}\frac{\pi L}{r}(1-\phi)(1-e^{-r\eta}) & \mu>\eta\\ \frac{\pi L}{r}[(1-\phi)+\phi(d^{pj})^{r/g}-e^{-r\eta}] & 0<\mu\leqslant\eta,\\ \frac{\pi L}{r}(1-e^{-r\eta}) & \mu<0\end{cases}\qquad(7)$$

根据上式，本章首先分析当经济体的不平等程度很高（$\mu>\eta$）或者经济体的不平等程度较低时（$\mu<0$），消费者的收入增长速度对于产品价值的影响。这种收入增长对行业的价值存在两种相反的效应。首先，更高的收入增长会导致更高的利率水平，行业未来收益的现值会因为更高的贴现率而减少；其次，更高的收入增长会使低收入者买得起新产品的时间缩短，低收入者的需求越快实现，企业的价值就越大。

如果不平等程度太高，低收入者消费需求的增加不会发生，在低收入者能够买得起这种新产品之前，已经由更新的产品来替代，在这种情况下，更高的增长率只能带来更高的利率水平，减少企业的净值。相反，如果不平等程度太低，低收入者在新产品刚出现时就买得起，那么该新产品的未来需求不会发生增加，从一开始就较高，然后持续下降，可以发现两种类型的不平等对于行业的影响仅表现在（ϕ）上。

在 t 期，由于新产品的研发成本 $a^r(t)w_t = a^r/a^o$ 不能大于其未来能够获得的收益，研发存在完全竞争，只有在 $a^r/a^o = v^n(t)$ 时才会把新技术引入市场，而在均衡时，利率仅仅取决于稳态的经济增长率。因此该产品的生产条件也可以写为：

$$\frac{a^r}{a^o}(g+\rho) = \begin{cases} \pi L(1-\phi)(1-e^{-(g+\rho)\eta}) & \mu>\eta \\ \pi L[(1-\phi)+\phi(d^p)^{(g+\rho)/g}-e^{-(g+\rho)\eta}] & 0<\mu\leqslant\eta \\ \pi L(1-e^{-(g+\rho)\eta}) & \mu<0 \end{cases},$$

其中，$d^p = d^{pn} = c_1^p(t)/n$ 为低收入者的消费选择，令 R 表示上式的收益，C 表示相应的生产成本，图 5－3 给出了不平等程度的差异对于产品收益的影响，横轴表示经济体的增长率，纵轴表示经济体的当期成本和当期收益。

本章设定 $\mu>\eta$ 为经济体中存在较高程度的不平等，$\mu<0$ 表示经济体存在低水平的不平等，而 $0<\mu\leqslant\eta$ 表示经济体存在适度的不平等。在图 5－3 中，成本 C 与纵轴相交于 $\rho(a^r/a^o)$，斜率相应的为 a^r/a^o，收益取决于时间偏好和新产品行业面对的初始需求，在其他条件不变（时间偏好相同，单位利润和人口数量不变的情况下）时，收益 R1、R2 和 R3 分别对应三种不平等程度下新产品的收益，其截距分别为：$\pi L(1-\phi)(1-e^{-\rho\eta})$，$\pi L[(1-\phi)-e^{-\rho\eta}]$ 和 $\pi L(1-e^{-\rho\eta})$。随着经济增长率 g 的下降，当不平等程度较低时，新产品行业的收益较低，因为不存在初始的消费需求，行业无法开始生产。

5.3.4 竞争性均衡和消费结构调整

竞争性均衡的定义：当下列条件均满足时，经济体实现竞争性均衡。

a. 消费者在跨期替代预算约束和初始财富值下最大化其一生的效用式（3）；

b. 劳动约束条件式（5）或式（6）得到满足；

c. 企业利润最大化条件式（7）得到满足。

首先分析从食品部门到非食品部门的结构调整过程，在约束条件下求解最大化效用函数，可以得到对该问题的 Lagrangian 表达式为：

$$\max \int_0^{\infty} e^{-\rho t}[\frac{1}{\gamma}\left\{\left(\frac{\ln (c_1(t))^{\alpha_1}-1}{\alpha_1}+a\frac{c_2(t)^{\alpha_2}-1}{\alpha_2}\right)^{\gamma}-1\right\}dt+\lambda(Ah_2L_2(t)-c_2(t))+\mu(1-L_1(t)-L_2(t)]dt \tag{8}$$

假设 $0 \leqslant L_1(t) \leqslant 1$ 是非紧致的，可以得到一阶条件：

$$\left(\frac{\ln (c_1)^{\alpha_1}-1}{\alpha_1}+a\frac{c_2^{\alpha_2}-1}{\alpha_2}\right)^{\gamma-1}ac_2^{\alpha_2-1}=\lambda \tag{9}$$

$$\alpha\lambda h_2-\mu \leqslant 0 \tag{10}$$

$$c_2(t)=Ah_2l_2(t) \tag{11}$$

$$L_1(t)+L_2(2)=L \tag{12}$$

因为 λ 是以效用表示的食品的当期价格（财富的影子价格），也是以现有商品表示的商品价格（因为本模型中假设现有商品的价格被正则化为 1），$\mu(t)$ 是以效用表示的当期工资率。因为劳动力在各部门之间可以自由流动，所以均衡时两部门的工资水平是相等的，这就意味着相对价格等于该部门的生产率：$\lambda=\frac{g}{h_2}$，从而可知劳动力占各部门的比率和 GDP 是相等的，即为：

$$\frac{c_1}{c_1+\lambda c_2}=L_1,\frac{\lambda c_2}{c_1+\lambda c_2}=L_2 \tag{13}$$

根据一阶条件和相关假设条件可知：$\frac{g}{h_2}=\frac{ac_2^{\alpha_2-1}}{c_1^{\alpha_1-1}}$(14)。根据式（13），可以将式（14）写为：$g^{\alpha_1}h_2^{-\alpha_2}=\frac{a(1-L_2)^{1-\alpha_1}}{L_2^{1-\alpha_2}}$(15)。式（15）中 $L_2(t)$ 的值是在假设两部门的增长率水平不变的条件下得到的。因此，不同变量（$g(t)$，$h_2(t)$，$L_1(t)=1-L_2(t)$，$L_2(t)$，$\lambda(t)$，$c_1(t)$，$c_2(t)$）的演变路径均可以根据两部门

的初始值得到。

由于经济主体是以时间可分的方式对消费和劳动供给进行决策，时间偏好参数ρ和跨期替代参数γ对于不同变量的演变是没有影响的。

根据参数值给定时的均衡动态分析，可以发现：

$$\alpha_1\frac{\dot{g}}{g}-\alpha_2\frac{\dot{h}_2}{h_2}=(1-\alpha_1)\frac{\dot{L}_2}{1-L_2}+(1-\alpha_2)\frac{\dot{L}_2}{L_2} \tag{16}$$

于是：

$$\dot{L}_2=\frac{L_2(1-L_2)(g-h_2)}{(1-\alpha_1)(1-L_2)+(1-\alpha_2)L_2} \tag{17}$$

式（17）表明当且仅当$g-h_2<0$时$l_1(t)$的值会渐进单调趋向于0。本书的分析可以产生稳定减少的L_2，即食品生产部门的比重将逐渐降低。

相应地，食品部门的就业发生递减过程时，也必须同时发生食品和其他商品的需求随着收入等比例增加的过程。这种情况的出现又依赖于两个部门间技术变迁的相对数据以及两类商品之间替代弹性取值变动的影响。如果$\alpha>0$并且替代弹性大于1，那么食品部门的生产率增长会低于非食品部门。另一方面如果$\alpha<0$，并且替代弹性小于1，则食品部门的生产率也会经历较快增长（$\delta_1>\delta_2$），从而导致食品产出的增加。这一结果背后的经济学直觉在于：商品之间的可替代性较高时，将资源转移到更具生产率的部门可以获利更多；而当商品之间的可替代性不大时，资源会从生产率更高的部门转移到其他部门，从而导致两类商品的产出同时减少。

5.3.5　行业间结构变迁

在这一部分我们继续考察在非食品生产部门内部发生的消费品类型演变过程。商品的消费方程两边除以n，得到初始期两类消费者的消费水平为：

$$\frac{c_1^a(0)}{n}=\frac{w(0)}{n}+\rho\frac{A^a(0)}{n}=\frac{1}{a^o}+\rho\frac{z^aV(0)}{nL_1}$$

相应地可以表示为：$d^i=\frac{1}{a^o}+\rho\frac{z^a\bar{v}}{L_1}$。其中$\bar{v}=V(0)/n$为常数，代入资源约束方程，可以解得$\bar{v}$，从而得到关于$d^p$和$g$的方程：

$$d^p=\begin{cases}\dfrac{1}{a^o}+z^p\left[\dfrac{L_1-(1-\phi)L_1[a^n-(a^o-1)]-a^rg-1}{a^o[z^r(1-\phi)L_1+z^p]}\right] & \mu>\eta\\ \dfrac{1}{a^o}+z^p\left[\dfrac{L_1-a^rg-(1-\phi)L_1[a^n-(a^o-1)]-(a^n/a^o)L\phi}{L[a^oz^r(1-\phi)L_1+a^n\phi z^p]}\right] & 0<\mu\leqslant\eta\\ \dfrac{1}{a^o}+z^p\left[\dfrac{L_1-a^n[L_1(1-a^o)]}{a^oL_1[z^r(1-\phi)+\phi z^p]}\right] & \mu<0\end{cases} \quad (18)$$

$$\frac{a^r}{a^o}(g+\rho)=\begin{cases}\pi L(1-\phi) & \mu>\eta\\ \pi L[(1-\phi)+\phi(d^p)^{(g+\rho)/g}] & 0<\mu\leqslant\eta\\ \pi L & \mu<0\end{cases} \quad (19)$$

式（18）表示在均衡时 g 和 d^p 之间存在负相关关系，同时也给出最优消费选择和资源约束条件，式（19）给出另一种形式的利润条件。该式表明，在高度不平等或不平等程度很低时，低收入者无法从经济增长中获益。

图 5－4 给出了模型可能存在的均衡条件，（1）（2）和（3）分别表示在三种不平等程度下的需求情况。在第一种情况下，当低收入者一直买不起这一新产品时，该行业在未来不会发生需求增加的情况，这表现在图中的 P1。P3 则表示在初始低收入者就能够买得起这一新商品的情况。因为这会使得企业的需求规模大于第一种情况，因此 P3 位于 P1 的右边，但该行业在未来的需求不会增加。

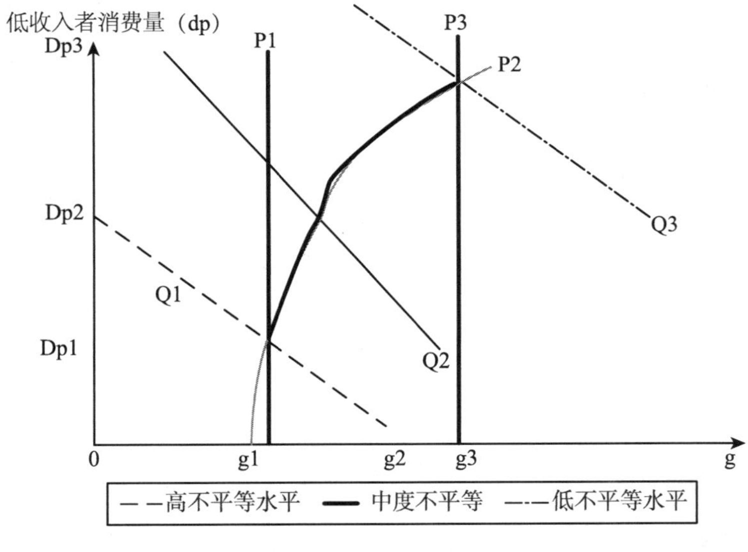

图 5－4　不同程度不平等水平下低收入者的消费变化

如果在行业发展过程中会出现消费需求增加（即低收入者在某一时期后能够负担起对该商品的消费）的情况，那么低收入者的选择将决定企业是否进行生产。P2 显示了这种情况，低收入者的选择和增长率以非线性的方式相联系。

而低收入者对新产品的需求水平 Q 则表现为一条负斜率的直线，更高的平等程度意味着更低的增长率，因为更多的资源将投入到产品的生产而不是研发中去。当经济从高度不平等转向较低的不平等时（区间 1 直接转变为区间 3），Q 的截距将变大，因为更多的资源将用于满足所有消费者的消费需求，而不是用于研发，因此没有增长。在其他参数不变的情况下，Q 的斜率取决于资源用于消费品生产的比重以及不平等程度，其将随着从高度不平等转向中度不平等而变得更大，但是不平等程度继续下降时则会变得更小。这种变动的原因在于两方面：第一，当未来的财富和消费存在上升的可能性时，消费者更偏好在各期间平滑消费。这会使得 Q 的斜率提高。第二，资源用于新产品的生产更有效，而为了维持相同的消费水平，必然要减少对研发资源的投入。在完全平等的情况下，不存在第一种效应，而在高度不平等的情况下两种效应都不存在，因此 Q2 的斜率高于 Q3，而这两条曲线的斜率要高于 Q1。P 和 Q 曲线的交点即为均衡时的（d^p，g）。

根据上述分析，可以得到当不平等程度发生变化时，市场需求对产品结构和消费结构变迁的影响。

命题 1：当经济的不平等程度很高时，低收入者占总人口比重（ϕ）的下降会加快行业结构和产品消费结构变迁过程，推动经济增长。而政府的财富再分配［低收入者财富水平（z^p）的增加］对于结构变迁的影响有限。

如图 5－5 所示，低收入者人数的减少会增加创新率（从而提高增长率）。因为在这种情况下，在新产品出现的初期，对其的消费需求会更高，因为更多的消费者可以买得起这种商品。图 5－5 中的 P 曲线向右移动（从 P1 移动到 P1'）。同时对原有产品的消费需求会因为低收入者数量减少而下降，但是所有产品的总消费需求是增加的。需求的组成向新产品转变，这意味着新的 Q 曲线有更低的斜率（Q1 到 Q1'），在新的均衡水平处，经济体的结构变迁发生更早，而增长率也提高（g1'）。

在收入高度不平等的情况下，如果增加低收入者的财富水平，并不能保证低收入者能够买得起新产品，因为只要低收入者财富增加后仍低于阈值，新产品需求并不会发生变动，因此 P1 曲线不会移动。而 Q1 曲线会沿着（g1，dp1）

发生顺时针移动，与不变的 P1 相交于更高的 dp 处。

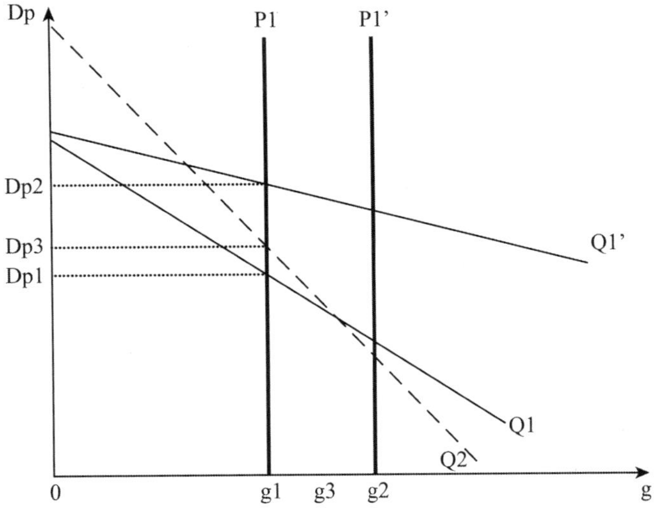

图 5-5　低收入者人数和财富份额变动对结构变迁的影响（高度不平等时）

命题 2：在中等程度的不平等情况下，低收入者占总人口比重的下降（ϕ）会加快经济的行业结构和消费结构变迁过程，但速度低于高度不平等时的情况，而增加低收入者的财富份额会加快这一结构变迁过程。

命题 2 表示低收入者占总人口比重的下降会使得 P2 曲线沿着（g2，dp2）转变。而在区间 2 中的较高不平等也意味着 Q 曲线低于（g2，dp2），低收入者份额的下降会使得 Q2a 又移到 Q2a’，P 和 Q 曲线的转变意味着其会增加新产品行业的市场需求，与命题 1 的分析是一致的。低收入者财富份额的增加会使得 Q2 曲线沿着（g2，dp2）转动，而 P 曲线为 P2a，这种财富的增加会使得新企业的需求增加发生跳跃，因此加快经济的结构变迁过程。

命题 3：当中等程度的收入不平等程度较低时，低收入者占总人口比重的下降以及财富的再分配过程对行业结构和消费变迁的影响有限。

如图 5-6 所示，当低收入者占总人口比重下降时，会使得 P2 曲线沿着（g2，dp2）变动到 P2’，而 Q 曲线高于（g2，dp2）处为 Q2b，因为不平等程度较低，低收入者占总人口比重的减少，并不会增加新产品企业的市场规模（因为大多数低收入者都能够消费得起这种新产品），从而对经济的结构变迁过程的影响有限。如图 5-7 所示，财富份额的增加对 P2 曲线并没有任何影响，仍为 P2b。相反，因为低收入者的消费已经很高，这种低收入者财富的增加会减少高收入者的消费选择，进而会减少新产品行业的市场规模。

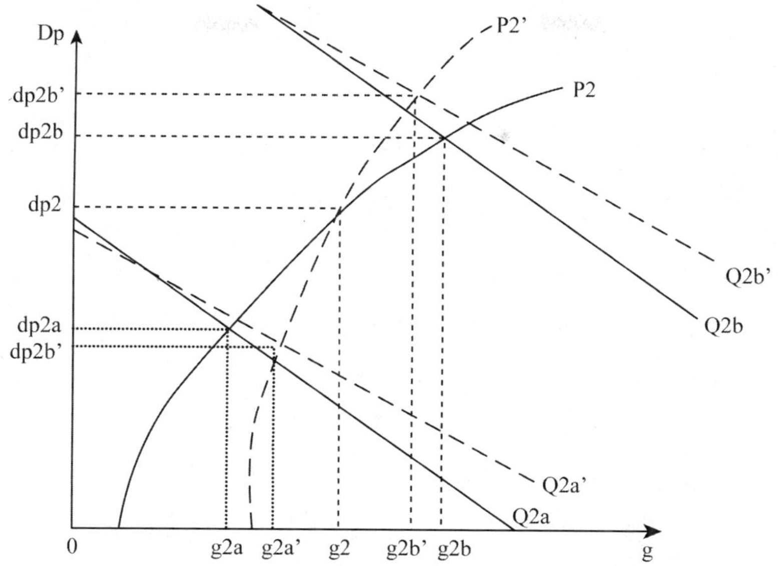

图 5 –6　低收入者人数变动对结构变迁的影响

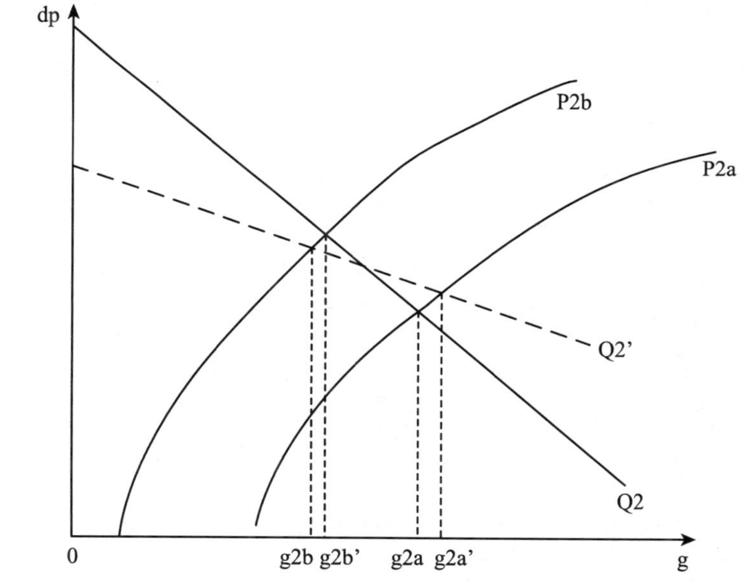

图 5 –7　低收入者财富变化对结构变迁的影响

命题 4：当经济不平等程度很低时，低收入者占总人口比重的减少和财富的增加不会影响消费结构变迁过程。

因为当不平等程度很低时，企业的进入决策和低收入者的人口份额没有关系，因此新产品生产行业仅可能在消费者均达到一定收入水平后才会投入生产，对结构变迁没有影响。

5.4 小　　结

本章构建了一个模型来分析经济体在经济发展过程中的行业结构与消费结构的变迁过程，包括农业部门（食品生产部门）的劳动力和产出份额的下降以及其他部门（除食品外的商品生产部门）内部各类消费品从低级到高级的发展历程。在本章构建的结构变迁模型中，通过非齐次偏好设定所构建的恩格尔法则是经济体在发展过程中从农业转向非农业部门转移的主要驱动力，而经济主体之间存在的收入差异则促使商品部门内部从低技术（低等级消费品）行业向高技术（高等级消费品）行业转变。

本章分析了在整个收入不平等程度的变动过程中，需求因素对于行业发展的影响，新产品生产行业初期增长较快，此后随着市场需求的饱和而发展变缓。各个消费品行业的变动表现为雁形发展模式，更新更好的消费品随着收入的上升而逐一出现。这种结构变迁的机制是生产力改进和产品需求规模扩大之间双向因果关系的结果。随着生产率的改进以及收入的增加，新产品可以被更多的消费者所购买，进而产生更大的消费品市场，导致生产率的进一步改进。

而这种生产率和市场规模之间的良性循环也取决于收入不平等程度。本章也证实了 Kuznets 的倒 U 形假说，适度的收入不平等有利于新产品的引进，从而通过消费者的示范效应和生产率的改进推动新产品行业生产规模的扩大。当收入完全平等时，这种新产品的出现过程会被推迟，而完全的不平等也无法扩大新产品的市场消费规模。

当然本章的模型设定仍然是静态的，并未能从低收入消费者中准确地区分出农民工群体和其他低收入群体，也未能在动态设定下，考察农民工群体在不同部门的就业变动。但是基于本章所建立的模型分析，可以揭示出在整个新型城镇化建设下，农民工在城镇得以落户，各类公共基本服务得到满足的条件下，其与城镇居民的收入差距会逐渐缩小，从而可以显示出本书模型中所描述的消费结构的演变过程。给定这一理论推断结果，在下一部分，本书采用动态递归可计算一般均衡模型，来模拟不同条件下，农民工居民消费水平的演变及其对整体经济的影响。

第6章　基于CGE模型的农民工消费分析[①]

根据消费决定理论，收入是影响消费的最基本和最重要的因素，而就业稳定状况以及从业人员能够享受的社会保障和公共服务等状况，对消费水平和消费模式也有重要影响。正如本书前述章节所证实的，农民工的收入水平有了大幅度提高。但与城市居民相比，农民工就业相对不稳定、社会保障和社会保护缺失。这使得农民工的整体消费能力基本处于城镇中低收入居民的消费水平。此外农民工的消费行为特征与城市居民仍然存在一定的差异。上述特征均在一定程度上抑制了农民工的消费意愿。

如果能够提高农民工就业稳定性水平、增加其收入、保证更多在城市务工的农民工能够被社会保障和医疗保险政策所覆盖，享受到更均等的公共服务，会使得他们对未来具有更加稳定和乐观的预期，进而提高其自身及其家庭的消费水平。更进一步，如果能够完全实现市民化，获得正式的市民身份，农民工的消费意愿就会进一步趋近于城镇居民。改变农民工的消费偏好，增加农民工发展型和享受型消费支出，对促进消费升级，有效扩大内需，促进经济增长具有积极影响。

在新型城镇化建设进程中，对于农民工的消费潜力的测算，成为研究的重点，现有的实证研究或者对农民工的消费行为进行调研和分析，或者对个别城市的城市居民和农民工进行比照分析，或者按照城镇居民的消费模式进行推算（王美艳，2016）。这些方法无法有效考察在动态变化条件下，农民工的规模、消费、年龄结构变动等因素变动对消费的影响，特别是无法模拟在不同政策设计条件下对农民工消费行为的可能影响。而可计算一般均衡模型（以下简称CGE模型）通过对各类主体市场行为决策的优化设定，使得模型能够进行反馈

① 本章和下章的部分内容与鲁元平合作完成。

调整和自发性决策，从而在分析政策变动的实施效果方面，相对于其他研究方法具有明显优势（高颖和李善同，2008）。

本部分利用 CGE 模型来对农民工消费潜力和可能产生的消费规模进行估计和模拟。基于不同类别居民群体的消费弹性和消费倾向的分析，定量评估新型城镇化进程中，农民工在城镇落户的不同政策条件对农民工消费行为的影响。

6.1 CGE 模型在农民工研究中的应用

CGE 模型作为一种政策分析工具，被大量应用于对环境、贸易、财税政策等领域的政策评估研究中。CGE 模型作为一个自身闭合的结构方程模型，其较多的方程数量和复杂的数据结构，使得一个理想的 CGE 模型的构建较为困难。而农民工问题本身又具有一定的独特性，从而增加了利用 CGE 模型来分析的难度。

早期在 CGE 模型中对农民工经济活动的分析是基于静态 CGE 模型展开的，通过调整模型中的劳动力模块，来区分城乡劳动力。在具体划分劳动力时，研究或者通过划分技能水平、或者设定职业约束、亦或者区别城乡户籍等方式来进行。比如 Zhai 和 Li（2000）将劳动力类型细分为农业劳动力、产业工人和技术人员三大类，采用具有不完全替代的常弹性转换函数（CET）来定义农业劳动力与产业工人之间的关系，用城乡相对工资差异程度来测度农业劳动力转移过程。Gilbert 和 Whalley（2003）将劳动力市场划分为正规就业部门和非正规就业部门，假定农村剩余劳动力只能转移到城市的非正规部门，而城市劳动力则先在正规部门就业，技能较低的城市劳动力才会到非正规部门就业。因此农村剩余劳动力的转移受到城市正规部门能够提供的就业机会和非正规部门与正规部门间相对工资差异的双重影响。

Herteland 和 Zhai（2006）将农村劳动力细分为农业从业人员、乡村非农务工人员和城市短期非农务工人员三类，农业从业人员和非农务工人员之间采用具有不完全替代的 CET 函数来设定，其替代弹性基于相关实证研究的估计值选取。农业从业人员和非农劳动力的供给量则由两者的相对工资水平来决定。

随着研究的深入以及对政策实施动态效应进行评估的需要，动态可计算一般均衡模型的研究和应用成为研究热点。翟凡等（1999）构建了基于城乡二元经济结构的多部门动态 CGE 模型（DRC－CGE），分析了城乡二元结构对城乡劳动力流动、居民收入水平等方面的影响。高颖和李善同（2006）基于该模型模拟了短期劳动力转移的不同情况。许召元和李善同（2008）在中国多区域 DRC－CGE 模型中，将劳动力按照户籍和技能水平进行划分，模拟了将农村劳动力转移到城镇就业情况下的经济效益。许召元（2012）则通过调整模型设置，分析了不同技能水平的农村劳动力的转移效应。国务院发展研究中心课题组（2010）运用 DRC－CGE 模型，采取投资驱动的储蓄—投资闭合，模拟了 2010—2015 年每年市民化 1000 万农民工的政策效应。吴琦等（2015）则通过将劳动力进一步细分为 5 类来考察农民工市民化的经济增长效应。一般而言，在 CGE 模型中都会假设城乡劳动力由于劳动技能或就业选择的差异，从而在相对工资水平上存在一个差异。胡秋阳（2012）分析了农民工与城镇居民的消费结构趋同效应和工资公平化待遇下，农民工市民化对地区经济增长和消费扩大的影响。

6.2　可计算一般均衡模型的基本结构

可计算一般均衡模型通过对现实经济的高度抽象，以反映经济体中各参与主体的相互关系及其行为选择。作为一个结构模型，CGE 模型在对生产部门、居民、企业、政府等市场主体效用最大化的设定上，构建了各市场主体间以及国家间贸易的相互关系，并在确定商品市场、要素市场等各类市场的均衡价格的前提下，通过市场均衡条件将各个分割的市场模块整合为一个一般均衡的体系。从本质上看，CGE 模型是一个多部门、多市场的微观经济模型，但是模型也内含了相当丰富的宏观经济内容，使得其更适合分析政策变动的效果。本节分 4 个部分对 CGE 模型的结构进行简要阐述。

6.2.1　生产活动

生产活动包括投入和产出两个部分。在投入部分，依据生产要素价格和既定的生产水平，确定所需投入的要素数量和要素比例，以实现生产成本的最小化。在CGE模型中，生产要素主要包括总劳动、资本以及作为中间投入品的商品。描述生产活动的数学表达式一般采用多层嵌套函数。生产部门的最终产出是劳动和资本要素所创造的增加值与全部中间投入的复合函数，全部中间投入由各类作为中间投入品的商品复合而成，而每类中间品则又由国内生产的该类商品和国外进口的该类商品复合而成。在嵌套函数的具体设定上，CGE模型采用常替代弹性（CES）函数或Leontief方程作为基本的构成函数，为便于计算，本书分别采用了这两个函数形式，其中全部中间投入的构成采用Leontief方程，生产活动的其余层级则采用CES函数进行设定。

在具体设定中，令各类商品的总产出（QA_a）为中间投入品（$QINT_{c,a}$）和增加值（QVA_a）的CES函数。而增加值则为资本（QK_a）和复合劳动（QL_a）的CES函数，即

$$QVA_a = \alpha_a^{va}(\delta_a^{va} QL_a^{-\rho_a^{va}} + (1-\delta_a^{va}) QK_a^{-\rho_a^{va}})^{-1/\rho_a^{va}} \tag{20}$$

其中，增加值的替代弹性为$\sigma_a^{va} = 1/(1+\rho_a^{va})$，$\alpha$为规模参数，对应的资本和劳动的要素报酬的相对比值为：

$$\frac{WL \cdot DIST_{L,a} \cdot (1+tva_a)}{WK \cdot DIST_{K,a} \cdot (1+tva_a)} = \frac{\delta_a^{va}}{1-\delta_a^{va}}\left(\frac{QL_a}{QK_a}\right)^{\rho_a^{va}-1} \tag{21}$$

其中，δ表示份额参数，$DIST_{f,a}\ (f = L,K)$反映了要素报酬在各生产部门扭曲程度的系数。

在劳动供给上，按照部门设定的差异，将复合劳动区分为城镇劳动力（QLU）、农民工（QLN）和农村劳动力（QLR）①。

$$QL_a = \alpha_a^L(\delta_a^{LU} QLU_a^{-\rho_a^L} + \delta_a^{LN} QLN_a^{-\rho_a^L} + \delta_a^{LR} QLR_a^{-\rho_a^L})^{-1/\rho_a^L} \tag{22}$$

各类劳动力间的替代弹性为$\sigma_a^L = 1/(1+\rho_a^L)$，各部门中三类劳动力的份额满足$\delta_a^{LU} + \delta_a^{LN} + \delta_a^{LR} = 1$，可以将三类劳动力的需求函数设定为由劳动力的替代弹性、工资水平和劳动力份额表示的方程：

$$QLX_a = \delta_a^{LX} QL_a (WL_a / WLX_a)^{1+\rho_a^L},\ X = U,N,R$$

在完全竞争条件下，增加值的总价值等于要素报酬之和：

$$PVA_a \cdot QVA_a = \sum_{f=\{K,L\}} WF \cdot DIST_{f,a} \cdot (1+tva_a) \cdot QF_a \tag{23}$$

总产出的构成与此类似，全部中间品投入则是各种中间产品的Leontief

① 在实际计算中，为便于分析，本书设定农林牧渔业为农村劳动力提供，其余行业的复合劳动为农民工和城镇劳动力。

函数。

在行为设定上，各商品生产部门在给定生产品的价格以及国内外销量比例的条件下，追求利润最大化。为便于分析，CGE 模型均会假设经济体存在完全竞争市场，各商品生产部门的产出服从规模收益不变的假定，产出水平由均衡时的市场条件决定。因此每个商品生产部门均为要素价格和商品价格的接受者，在均衡时，经济利润为零。而在决定产品的出口和内销比例时，则会采用 CET 函数设定，从而引入不完全转换弹性。

6.2.2　贸易活动

商品贸易由三个部分组成，分别是进口、出口和国内商品市场。对于进口，CGE 模型采用 Armington 条件来进行设定，将进口商品和国内产品通过 CES 函数构成复合产品（QQ_c），用于消费、投资和作为中间投入品。令 P_c^D 和 P_c^{IM} 分别表示国内产品和进口商品的价格，则该复合产品的生产函数设定为：

$$QQ_c = \alpha_c^q \left(\delta_c^q \left(Q_c^{IM}\right)^{-\rho_c^q} + \left(1-\delta_c^q\right)\left(Q_c^D\right)^{-\rho_c^q}\right)^{-1/\rho_c^q} \tag{24}$$

复合产品的替代弹性为 $\sigma_c^q = 1/(1+\rho_c^q)$，并且该复合产品所使用的进口商品和国内商品的数量关系满足：

$$\frac{Q_c^{IM}}{Q_c^D} = \left(\frac{P_c^{IM}}{P_c^D}\frac{1-\delta_c^q}{\delta_c^q}\right)^{1/(\rho_c^q+1)} \tag{25}$$

生产部门的总产出 Q_c 主要划分为国内产品（Q_c^D）和出口产品（Q_c^{EX}），两部分的比例由国内外价格决定，假设出口和内销具有不完全替代弹性，则可以将各部门的总产出表示为：

$$Q_c = \alpha_c^t \left(\delta_c^t \left(Q_c^{EX}\right)^{\rho_c^t} + \left(1-\delta_c^t\right)\left(Q_c^D\right)^{\rho_c^t}\right)^{1/\rho_c^t} \tag{26}$$

其中，不完全替代弹性设定为 $\sigma_c^t = 1/(\rho_c^t - 1)$，并且两部门的数量关系满足：

$$\frac{Q_c^{EX}}{Q_c^D} = \left(\frac{P_c^{EX}}{P_c^D}\frac{1-\delta_c^t}{\delta_c^t}\right)^{1/(\rho_c^t-1)} \tag{27}$$

出口部分无需考虑市场出清条件，仅需要设定实际出口金额。而国内商品市场则要求满足市场出清条件。

CGE 模型，普遍接受开放经济假设，并且假定进口产品和出口产品的价格完全由国际市场的供求关系确定，由世界均衡价格确定富有弹性的出口需求和进口供给，进而由国内需求和贸易均衡条件来保证商品市场出清。

6.2.3 交易主体行为方程

模型中的行为主体主要为居民、企业、政府和国外部门。本书分别设定如下。

对于居民部门，根据劳动力的设定差异，也相应地区分为农村居民（R）、农民工（N）和城镇居民（U）。假设每类居民在给定的商品价格和收入预算约束下，选择能够最大化其效用的消费组合。在设定居民的效用函数时，本书采用 Stone - Geary 函数，给定居民对商品的基本消费需求条件下，商品间具有不完全替代性，从而将居民的最终需求表示为复合商品的线性支出系统。

$$PQ_cQ_c^h = PQ_c\gamma_c^h + \beta_c^h(EH^h - \sum_{c' \in C} PQ_{c'}\gamma_{c'}^h) , h = U,N,R \tag{28}$$

其中，β_c^h 表示消费份额，γ_c^h 为居民 h 对商品 c 的基础需求量，Q_c^h 为居民消费，PQ_c 为最终复合商品的价格。

居民收入 Y_I^h 主要来自劳动和资本要素收入和从政府获得的转移支付以及企业获得的利润分配。

$$Y_I^h = \sum_{f=\{K,L\}} shif_f^h YF_f + tran_{firm}^h + tran_{gov}^h + tran_{firm*}^h EXR \tag{29}$$

其中，两类要素收入为 $YF_f = \sum_a WF_f \overline{DIST_{fa}} QF_{fa}$ ，EXR 为外生给定的汇率水平。

扣除税收后的余额用于当期的商品消费和储蓄，EH^h 为居民收入 Y_I^h 中用于个人消费的部门，即为：

$$EH^h = (1 - tax_h)(1 - MPS^h)YI^h \tag{30}$$

t_{ind}^h 和 MPS^h 分别表示个人所得的税率以及边际储蓄倾向。可以得到居民的支出份额为：

$$EI^h = tax_h YI^h + EH^h \tag{31}$$

企业和国外部门的设定相对简单，企业所取得的资本收益（YF_K）加上政府对企业的转移支付（$tran_{gov}^{firm}$），扣除对居民部门的利润分配（$tran_{firm}^h$）和上缴的企业所得税后，盈余部分为企业储蓄，由方程表示则为：

$$YI_{firm} = YF_K + tran_{gov}^{firm} \tag{32}$$

$$EI^{firm} = tax_{firm} YI_{firm} + tran_{firm}^h \tag{33}$$

政府部门的行为同样划分为收入和支出两部分，其中收入部分为其取得的各类税收收入。在本书中，主要由个人所得税、企业所得税、增值税、关税和国外转移支付构成。

$$YG = \sum_{i \in h,firm} tax_i YI_i + \sum_a tva_a \cdot PVA_a \cdot QVA_a + \sum_a ta_a \cdot PA_a \cdot QA_a + \sum_c tm_c \cdot pwm_c \cdot QM_c \cdot EXR + tran_{row}^{gov} EXR \tag{34}$$

其中，pwm_c 为商品的国外价格。

政府支出则包含了政府自身的消费性支出以及各类转移支付：

$$EG = \sum_c PQ_c \cdot Q_c^G + \sum_{i \in h,firm} tran_{gov}^i \tag{35}$$

为简化分析，本书将政府消费作为外生变量来处理，国外储蓄则以外汇储备替代。

6.2.4　模型闭合

给定上述各部门的方程设定，可以得到要素市场和商品市场出清条件，总要素需求等于总要素供给量，复合商品等于中间品投入、居民消费、政府消费、社会总投资（$\overline{QINV_c}$）和存货（$qdst_c$）之和，分别满足：

$$\sum_a QF_a^f = QFS^f, f = K, L \tag{36}$$

$$QQ_c = \sum_a QINT_{c,a} + \sum_h QH_{c,h} + \overline{QG_c} + \overline{QINV_c}(1 + QCH) + qdst_c \tag{37}$$

令商品的出口价格为 pwe_c，经常项目均衡条件为：

$$\sum_c pwm_c Q_c^{IM} = \sum_c pwm_c Q_c^{EX} + \sum_{i \in h,firm} tran_{row}^i + FSAV \tag{38}$$

社会总储蓄为居民储蓄（$PSAV^h$）、政府储蓄（$GSAV$）、企业储蓄（$PSAV^{firm}$）和外汇储蓄（$FSAV$）之和，等于社会总投资和存货投资之和：

$$\sum_{i \in \{h,firm\}} PSAV^i + GSAV + FSAV \cdot \overline{EXR} = \sum_c PQ_c [qdst_c + \overline{QINV_c}(1 + QCH)] \tag{39}$$

居民储蓄和企业储蓄的储蓄率由边际储蓄倾向（MPS^h）进行调整：

$$PSAV^i = MPS^i(1 + MPS^h)(1 - tax^i)YI^i \tag{40}$$

政府内生储蓄决策为：

$$GSAV = YG - EG \tag{41}$$

给定上述一系列均衡条件，为解决模型中变量个数与模型方程个数不一致的问题，CGE 模型需要对模型的闭合设定必要的约束条件，根据对生产要素或部门行为模式的假定不同，可以设定不同类型的闭合条件。

假定经济体主要为投资驱动的模式，假设储蓄率内生变动，而投资则外生给定。给定劳动力市场存在不完全就业，劳动报酬固定，资本要素则设定为完全供给，并允许各部门的资本报酬存在扭曲，可以得到约翰森闭合条件：

$$\sum_a QK_a = \overline{QKS}, WK = \overline{WK}, DIST_{K,a} = DIST_{K,a} \tag{42}$$

$$\sum_a QL_a = QLS, WL = \overline{WL}, DIST_{L,a} = \overline{DIST_{L,a}} \tag{43}$$

$$QCH = \overline{QCH} \tag{44}$$

若假设储蓄率为外生，投资调整参数为内生，则将（44）替换为：

$$mps^{CH} = \overline{mps^{Ch}} \tag{45}$$

得到新古典式闭合条件。

进一步，如果储蓄率和资本均为外生给定，通过内生调整劳动报酬来保证经济体的均衡条件实现，即为凯恩斯闭合条件，其在给定式（42）式（44）和式（45）的条件下，将式（43）修正为：

$$\sum_a QL_a = QLS, WL = WL, DIST_{L,a} = \overline{DIST_{L,a}} \tag{46}$$

6.2.5 动态链接

为刻画 CGE 模型的动态特征，本书通过设定资本积累方程来构建动态的 CGE 模型。在这个模拟期内，当期的资本存量由上一期的新增投资与上一期折旧后的资本存量组成。资本在各行业间的每期动态配置过程，则由模型内生调整决定。在 t 期，部门 a 的新增资本 $\Delta K_{a,t}$ 为当期全部资本的一个动态调整的份额。

$$\Delta K^a_{f,a,t} = \eta^a_{f,a,t}\left(\frac{\sum_c PQ_{c,t}QINV_{c,t}}{PK_{f,t}}\right) \tag{47}$$

其中，PK_t 为资本的单位价格。

$$PK_{f,t} = \sum_c PQ_{c,t}\frac{QINV_{c,t}}{\sum_c QINV_{c,t}} \tag{48}$$

资本在特定部门分配份额 $\eta^a_{f,a,t}$ 取决于该部门的资本溢价程度（即该部门资本报酬对整体平均资本报酬的相对溢价 $\left(\beta^a\left(\frac{WF_{f,t}DIST_{f,a,t}}{AWF_{f,t}^a}-1\right)+1\right)$ 以及该部门资本存量占全社会资本总量的比重。

$$\eta_{f,a,t}^a = \frac{QF_{f,a,t}}{\sum_{a'} QF_{f,a',t}}\left(\beta^a\left(\frac{WF_{f,t}DIST_{f,a,t}}{AWF_{f,t}^a}-1\right)+1\right) \tag{49}$$

其中，β^a 反映了资本在不同行业间的流动水平，主要受到不同部门间资本收益差异的影响。当 β^a 为 0 时，各部门的资本收益率相同，每期新增投资均来自当期新增资本存量，而 $AWF_{f,t}^a$ 表示整体资本报酬，其满足：

$$AWF_{f,t}^a = \sum_a\left[\left(\frac{QF_{f,a,t}}{\sum_{a'} QF_{f,a',t}}\right)WF_{f,t}DIST_{f,a,t}\right] \tag{50}$$

由此，可以得到各部门和整体经济的资本积累方程：

$$QF_{f,a,t+1} = QF_{f,a,t}\left(1+\frac{\Delta K_{f,a,t}^a}{QF_{f,a,t}}-\delta_a\right) \tag{51}$$

$$QFS_{f,t+1} = QFS_{f,t}\left(1+\frac{\sum_a \Delta K_{f,a,t}}{QFS_{f,t}}-\delta_a\right) \tag{52}$$

其中，δ_a 为各部门的资本折旧率。在本书中，各部门资本折旧率的选择取自薛俊波和王铮（2007），见表 6－1。

表 6－1　　我国各部门资本折旧率

部　　门	资本折旧率（%）	对应序号
农林牧渔业	6.7	1
制造业	12	6—22
电力、燃气和水的生产及供应业	5.45	23—25
建筑业	12	26
交通运输、仓储及邮电通信业	8	27—28
批发和零售业	8	29
住宿和餐饮业	8	31
居民服务和其他服务业	8	40
其他服务业	4	2—5，30，32—39，41—42

注：居民服务和其他服务业中的其他服务业包括采矿业、金融业、租赁和商务服务业、信息传输、计算机服务和软件业、房地产业、科学研究、技术服务及地质勘查业、教育、文化、体育和娱乐业，水利、环境和公共设施管理业，卫生、社会保障和社会福利业，公共管理和社会组织。

除了资本积累方程外，CGE 模型的动态设定还需要劳动力增长和全要素生产率两个外生变量。本书对于农民工消费的分析实际上就是通过改变三类劳动力在各部门的投入变化以及农民工的收入变动展开的，因此劳动力增长的设定过程即为需要模拟的部分。

参数选择还需要对生产部门的要素替代弹性、贸易部门的 Armington 弹性以及常替代弹性进行设定。本书在 GTAP7 数据的基础上，进行适当调整，以给出各个生产部门的弹性值（表 6 - 2 模型弹性参数的取值）。

表 6 - 2　　　　模型弹性参数的取值

部　　门	要素替代弹性	Armington 弹性	CET 弹性
农林牧渔业	0.50	2.91	5.81
制造业	0.20	2.51	5.03
电力、燃气和水的生产及供应业	1.26	3.52	7.04
建筑业	1.26	2.80	5.60
交通运输、仓储及邮电通信业	1.40	1.90	3.80
批发和零售业	1.40	1.90	3.80
住宿和餐饮业	1.40	1.90	3.80
居民服务和其他服务业	1.40	1.90	3.80
其他行业	1.68	1.90	3.80

注：行业分类和界定同表 6 - 1。

6.3　社会核算矩阵表编制

运用 CGE 模型进行政策评估的基础数据来源是社会核算矩阵（SAM）表。该表作为国民经济核算体系的重要表现形式，通过利用投入产出表、资金流量表以及相关统计年鉴的数据进行编制，主要反映了一定时期内一个经济体各类账户的资金流量及各类经济主体在生产、贸易等活动中的相互关系，一般包括居民、企业、政府和世界其他地区之间开展的生产活动，商品（要素）交易活动等。

社会核算矩阵表以矩阵的形式进行反映，矩阵 T 中的元素 t_{ij}，表示账户 i 从账户 j 中取得的收入（即账户 j 对账户 i 的支出）。给定收支平衡要求，该表的行列之和相等，即：

$$\sum_{j} t_{kj} = \sum_{i} t_{ik} \tag{53}$$

社会核算矩阵表的基本数据来源是投入产出表，基于数据的可得性和便于匹配农民工相关数据的需要，本章按照朱跃序（2016）的方法，采用 2010 年的投入产出表延长表作为社会核算矩阵表的编制依据。对于投入产出表无法提供和取得的数据，本章参考其他同年度统计资料作为数据编制的依据，最后运用平衡方法进行处理，以最大限度地保证社会核算矩阵表中数据的合理性。

本书以表 6－3 为例介绍社会核算矩阵表的编制及其所反映的含义。第一行第二列的 $t_{活动,商品}$ 表示生产活动所需要的商品投入，金额为 1252795 亿元，相应的第二行第一列 $t_{商品,活动}$ 表示生产活动所产出的商品，金额为 849146 亿元，相应的 $t_{商品,居民}$（144714 亿元），$t_{商品,政府}$（51972 亿元）分别为居民部门和政府部门的商品消费或购买支出，$t_{商品,国外}$ 为本国生产的商品出口 111911 亿元。而 $t_{商品,投资}$ 和 $t_{商品,存货}$ 则为产出品用于投资和作为库存的部分，金额分别为 183615 亿元和 9989 亿元。$t_{劳动,活动}$ 和 $t_{资本,活动}$ 则分别表示劳动力和资本投入生产活动获得的报酬，分别为 191009 亿元和 152729 亿元。$t_{政府,活动}$ 为政府部门从生产活动中获得的增值税等税收 59911 亿元，$t_{国外,商品}$ 则为我国从其他国家或地区进口的商品金额为 96524 亿元。上述资料均根据 2010 年投入产出表延长表计算得到。

而 $t_{投资,城镇居民}$，$t_{投资,企业}$，$t_{投资,政府}$，$t_{投资,国外}$ 分别表示城镇居民①，企业，政府和国外四类经济主体在当期的储蓄额，分别为 67093 亿元，89091 亿元，21674 亿元和－19525 亿元，而对应的 $t_{城镇居民,资本}$ 和 $t_{国外,资本}$ 则表示城镇居民和国外相关经济主体对本国的投资活动获得的回报，分别为 8493 亿元和－1232 亿元。$t_{城镇居民,政府}$ 和 $t_{企业,政府}$ 分别表示政府对城镇居民部门和企业部门的转移支付，分别为 14646 亿元和 950 亿元，而 $t_{政府,城镇居民}$ 则为城镇居民部门向政府缴纳的税款和社保费用，金额合计为 22177 亿元。这部分数据根据统计年鉴中的《资金流量表——实物部分》所记载的财产收入、住户、企业部门、政府部门、国外部门的总储蓄以及经常转移中的数据计算得到。

政府从商品中获取的关税收入（$t_{政府,商品}$）以及政府从企业中取得的企业所得

① 农民工和农村居民的表示与此类似。

税收入（$t_{政府,企业}$），根据《中国税务年鉴》整理，分别为2028亿元和12844亿元。

$t_{城镇居民,国外}$和$t_{政府,国外}$分别表示城镇居民从国外获得的收入和政府从世界其他国家和地区取得的收入（支出），数据来自《国际收支平衡表》，并根据当年的平均汇率换算为以人民币计价的金额，分别为1917亿元和－18亿元。

至于城镇居民获得的劳动报酬（$t_{城镇居民,劳动}$），企业的利润在各类居民间的分配（$t_{城镇居民,企业}$，$t_{农村居民,企业}$，$t_{农民工,企业}$）、存货变动（$t_{存货,投资}$），以及企业投资的资本回报（$t_{企业,投资}$）等数据，无法直接根据统计数据加总，因此作为整个社会核算矩阵的账户平衡项，基于数据平衡处理后得到。

$t_{政府,城镇居民}$包含城镇居民缴纳的个人所得税和社保缴费，当前居民整体的社保缴费与整体的社保支出大致吻合。本书对此进行简化处理。个人所得税数据则根据中国税务年鉴相关数据和个人所得税制，按居民收入比例进行分配。

$t_{投资,城镇居民}$根据城镇居民的存款余额情况进行区分，$t_{城镇居民,劳动}$根据城镇居民收入分项得到，$t_{城镇居民,政府}$根据各级政府对居民的转移支付数据计算，其他数据也相应地按照对应的比例关系进行划分。需要注意的是，这一划分的精确性相对较弱。在实际处理中，由于数据来源较为多样，部分统计数据存在重复计算或者口径差异，需要进行余量处理。为此，本章从进口数据中将关税去除，对进口商品金额进行重新计算，将企业储蓄额，政府储蓄额和国外储蓄额进行余项计算，得到平衡后的宏观社会核算矩阵（表6－3）。

在此基础上，CGE计算还需要对该社会核算矩阵表进行细化，包括将活动、商品和劳动进行划分。相较而言，活动和商品的细化比较简单，生产活动生产出商品，两者之间的对应关系可直接根据投入产出表计算得到①。

在对商品进行进一步细分时，主要根据三类居民对商品的消费支出进行划分。本书为分析所关注的消费行为，将投入产出表中的行业按照居民消费支出分类进行合并，得到食品、衣着、教育、文娱、住房（建筑业）、其他商品、其他服务类的消费数据。其中食品包括食品及酒精饮料、烟草制品业等行业，衣着包括纺织材料加工业，纺织、针织制成品制造业，纺织服装、鞋、帽制造业，皮革、毛皮、羽毛及其制品业等行业；文娱包括文化、体育、娱乐业；其他商品

① 账户间的数据的整合可以根据投入产出表的中间投入数据和产出表数据加总得到。但是与商品账户对应的关税账户也需要进行相应调整，各行业商品的关税缺少直接的数据来源，这里简单采用农产品和工业品的平均关税税率将对应的进口数额进行划分。

表 6－3　　2010 年中国宏观社会核算矩阵表

单位：亿元

	活动	商品	劳动	资本	农村居民	农民工	城镇居民	企业	政府	国外	投资	存货	总计
活动		1252795											1252795
商品	849146				24298	25564	94851		51972	111911	183615	9989	1351347
劳动	191009												191009
资本	152729												152729
农村居民			32072	2176				6719	3752	491			45209
农民工			33743	2289				7070	3947	517			47565
城镇居民			125195	8493				26230	14646	1917			176479
企业				141004					950				141954
政府	59911	2028			3724	3918	14536	12844		－18			96941
国外		96524		－1232									95292
投资					17187	18083	67093	89091	21674	－19525			193604
存货											9989		9989
总计	1252795	1351347	191009	152729	45209	47565	176479	141954	96941	95292	193604	9989	

注：原始表格取自朱跃序（2016），根据农村就业人员、农民工和剔除农民工的城镇就业人员的收入比重将居民部门进行分解。

包括其他制造业；其他服务则为除教育、文娱和房地产以外的服务业。而在具体划分上，根据2010年的城镇居民人均消费支出构成、农村居民人均消费支出构成和农民工的人均消费支出构成，确定消费品的支出权重，从而将不同类型行业的消费平均分配到各类居民中。

劳动账户细化是本书在社会核算矩阵细化中的核心内容，本书主要分析农民工在新型城镇化下，户籍制度的变化和公共服务的取得，对其劳动供给和工资水平的影响，进而对整个社会消费总量的影响。本书采用现有的总量调查结果进行测算，特别是利用相对较为全面的农民工调查监测数据以及城乡居民就业数据来对劳动账户进行细化，以更好地分析农民工市民化对于消费的影响。

在具体细化上，本章通过将多项统计资料相结合，以分离出农民工在各行业的就业情况，从而得到农民工和城镇就业人员之间的差异。首先，基于第六次人口普查数据，得到分行业就业人员数据；其次，按照国家统计局农民工监测报告，推断分行业农民工就业人数，从而得到在各行业的从业人员分布以及各个行业内农村从业人员、城镇从业人员和农民工的就业分布情况。

表6－4　各行业就业比重与不同类型劳动力的就业分布（2010年）

	总就业	农村劳动力	城镇劳动力	农民工
农林牧渔业	35.2%	98.3%	1.3%	0.4%
第二产业	28.9%	9.8%	34.3%	55.9%
制造业	21.1%	12.1%	34.7%	53.2%
电、燃、水	0.4%	0.0%	100.0%	0.0%
建筑业	7.4%	3.9%	29.9%	66.2%
第三产业	35.9%	10.5%	49.6%	39.9%
交通运输、仓储和邮政业	3.5%	5.9%	34.2%	59.9%
批发和零售业	11.8%	22.6%	51.5%	25.9%
住宿和餐饮	3.4%	10.6%	34.7%	54.7%
居民服务和其他服务	5.2%	6.6%	18.2%	75.2%
其他行业	12.0%	1.8%	69.9%	28.4%
总计	35.2%	98.3%	1.3%	0.4%

注：总就业为各行业就业占全部就业的比重，农村劳动力、城镇劳动力和农民工分别为三类就业人员占该行业就业人员的比重。电、燃、水为电力、燃气和水的生产及供应业。

资料来源：《中国统计年鉴2011》，2010年农民工监测报告，作者整理。

在此基础上，本章根据农民工的分行业平均工资水平，得到各行业农民工和其他从业人员之间的工资差异，表6－5给出相应的结果。整体来看，农民工的工资仅相当于城镇从业人员工资水平的70%左右，但是在农民工就业密集的行业，其与该行业城镇从业人员的工资差异就相对较小。而在技能较高的行业，农民工不仅从业比重低，而且工资水平也远低于该行业内的平均工资水平。

表6－5　　分行业农民工与城镇从业人员平均工资差异

年份 城镇从业人员	2010	2011	2012	2013	2014	2015	2016
制造业	2576.3	3055.4	3470.8	3869.3	4280.8	4610.3	4955.8
建筑业	2294.1	2675.3	3040.3	3506.0	3817.0	4073.8	4340.2
交通运输、仓储和邮政业	3372.2	3923.2	4449.3	4832.8	5284.7	5735.2	6137.5
批发和零售业	2802.9	3387.8	3861.7	4192.3	4653.2	5027.3	5421.8
住宿和餐饮	1948.5	2290.5	2605.6	2837.0	3105.3	3400.5	3615.2
居民服务业	2350.5	2764.1	2927.9	3202.4	3490.2	3733.5	3964.8
其他行业	3570.0	4040.3	4480.9	4966.0	5401.4	6111.4	6739.6
年份 农民工	2010	2011	2012	2013	2014	2015	2016
制造业	1643.8	1992.3	2227.4	2537.0	2832.0	2970.0	3233.0
建筑业	1921.1	2328.4	2603.2	2965.0	3292.0	3508.0	3687.0
交通运输、仓储和邮政业	2030.0	2460.3	2750.7	3133.0	3301.0	3553.0	3775.0
批发和零售业	1575.8	1909.8	2135.2	2432.0	2554.0	2716.0	2839.0
住宿和餐饮业	1533.0	1858.0	2077.3	2366.0	2566.0	2723.0	2872.0
居民服务业	1488.3	1803.8	2016.7	2297.0	2532.0	2686.0	2851.0
其他行业	1690.0	2049.0	2290.0	2609.0	2864.0	3072.0	3275.0
年份 收入差距	2010	2011	2012	2013	2014	2015	2016
制造业	63.8%	65.2%	64.2%	65.6%	66.2%	64.4%	65.2%
建筑业	83.7%	87.0%	85.6%	84.6%	86.2%	86.1%	85.0%
交通运输、仓储和邮政	60.2%	62.7%	61.8%	64.8%	62.5%	62.0%	61.5%
批发和零售业	56.2%	56.4%	55.3%	58.0%	54.9%	54.0%	52.4%
住宿和餐饮	78.7%	81.1%	79.7%	83.4%	82.6%	80.1%	79.4%
居民服务和其他服务	63.3%	65.3%	68.9%	71.7%	72.5%	71.9%	71.9%
其他行业	47.3%	50.7%	51.1%	52.5%	53.0%	50.3%	48.6%

注：因农民工在农林牧渔业和电力、燃气、水的生产和供应业基本没有就业，因此在本表中剔除。

6.4 模拟基线与模型检验

为保证基期数据库更为真实，本章根据现有统计数据和观测数据，对模型进行更新，以尽可能拟合到最接近研究年份的经济状况。此外，在上述模拟的基础上，本书通过选取相关研究对未来年份的观测值，来更新相应的模拟结果，以保障在无相应政策冲击条件下，基准设定能够按照可能的发展路径对经济体系进行拟合。

一般而言，对于模型的更新主要通过给定相应的数量变量和价格变量，按照相关变量的增长率来进行测算。表6－6给出模型的产出基线模拟结果，可以证实，在整个模拟期间，在给定的参数设定下，模型的运行结果与实际经济增长情况基本吻合，可以认为，本章所设定的模型较好地拟合了现实经济的增长情况。

表6－6　　国内生产总值（GDP）的模拟基线结果（2010—2016年）

年份	GDP实际值（亿元）	GDP指数（上年＝100）	基线模拟的GDP（亿元）	模拟的GDP增长率	误差
2010	348703.6	110.6	348704.0	10.58%	1.18E－06
2011	381830.4	109.5	381865.8	9.51%	9.25E－05
2012	411995.0	107.9	411880.4	7.86%	－2.78E－04
2013	444130.7	107.8	444048.3	7.81%	－1.86E－04
2014	476552.2	107.3	476641.4	7.34%	1.87E－04
2015	509434.3	106.9	509339.0	6.86%	－1.87E－04
2016	543566.4	106.7	543311.9	6.67%	－4.68E－04

注：由于统计口径差异，基于投入产出表的国内生产总值数据要低于统计年鉴中给出的国内生产总值。因为本书采用的社会核算矩阵表采用投入产出数据计算，因此在实际处理中，仍然用基于投入产出表核算的国内生产总值，但是在模拟中，以统计年鉴中的国内生产总值指数为增长率。

此外，本章也对经济体的结构变化进行了模拟，表6－7列出了模拟的上述行业的比重与实际行业比重的对比情况；表6－8列出了分行业的就业比重变化情况。可以证实基于本书所进行的基线模拟和实际经济之间的增加值占比之间的差异相对较小。

表6－7　　基线模拟的分行业比重变动（2010—2016年）

年份	2010	2011	2012	2013	2014	2015	2016
实际值							
农林牧渔业	9.80	9.70	9.70	9.60	9.30	9.10	8.90
制造业	37.04	37.19	36.23	35.01	33.99	32.08	31.16
电燃水的生产与加工	2.96	2.72	2.47	2.39	2.31	2.22	2.14
建筑业	6.60	6.70	6.80	6.90	7.00	6.80	6.70
批发和零售	8.70	8.90	9.20	9.50	9.70	9.60	9.60
交通运输	4.50	4.50	4.40	4.40	4.40	4.40	4.40
住宿和餐饮	1.90	1.80	1.80	1.70	1.70	1.80	1.80
其他行业	28.50	28.60	29.40	30.60	31.50	34.00	35.30
基线模拟							
农林牧渔业	9.80	9.72	9.70	9.61	9.34	9.12	8.92
制造业	37.04	37.22	36.27	35.04	34.00	32.08	31.17
电燃水的生产与加工	2.96	2.74	2.48	2.40	2.32	2.27	2.17
建筑业	6.60	6.70	6.85	6.91	7.01	6.83	6.71
批发和零售	8.70	8.90	9.21	9.53	9.74	9.63	9.63
交通运输	4.50	4.52	4.45	4.41	4.45	4.41	4.42
住宿和餐饮	1.90	1.81	1.81	1.73	1.71	1.85	1.85
其他行业	28.50	28.60	29.42	30.62	31.51	34.05	35.34

注：实际增加值占比取自《中国统计年鉴》，其中电力、燃气和水的生产与加工业的增加值占比根据2010年，2012年和2015年的投入产出表推算。

表6－8　　基线模拟的分行业就业占比情况

年份	2010	2011	2012	2013	2014	2015	2016
实际值							
农林牧渔业	35.2%	33.6%	32.5%	30.5%	28.8%	27.7%	27.1%
制造业	21.1%	22.1%	22.8%	23.3%	23.8%	24.2%	23.9%
电燃水的生产与加工	0.4%	0.4%	0.4%	0.5%	0.5%	0.5%	0.5%
建筑业	7.4%	8.8%	9.7%	12.4%	12.8%	12.8%	12.2%

续表

年份	2010	2011	2012	2013	2014	2015	2016
实际值							
交通运输	3.5%	3.6%	4.1%	4.0%	4.1%	4.2%	4.2%
批发和零售	11.8%	13.4%	13.9%	16.0%	17.8%	19.6%	20.9%
住宿和餐饮	3.4%	3.3%	3.5%	4.1%	4.4%	4.8%	5.2%
居民服务	5.2%	5.3%	5.6%	5.2%	5.4%	5.9%	6.3%
其他行业	12.0%	12.9%	13.7%	14.8%	14.3%	15.6%	16.4%
基线模拟							
农林牧渔业	35.2%	34.4%	33.2%	30.7%	29.5%	27.9%	27.3%
制造业	21.1%	22.3%	23.1%	23.8%	24.2%	24.5%	24.1%
电燃水的生产与加工	0.4%	0.5%	0.5%	0.6%	0.6%	0.5%	0.5%
建筑业	7.4%	9.3%	10.2%	13.1%	13.1%	13.3%	12.3%
交通运输	3.5%	3.8%	4.1%	4.7%	5.0%	4.3%	4.6%
批发和零售	11.8%	13.6%	14.4%	16.7%	18.8%	20.1%	21.6%
住宿和餐饮	3.4%	3.7%	3.6%	4.5%	5.2%	5.1%	5.7%
居民服务	5.2%	5.8%	6.4%	6.1%	6.2%	5.9%	6.8%
其他行业	12.0%	13.5%	13.9%	14.8%	14.9%	16.3%	16.8%

注：分行业就业占比的模拟相对于其他模拟基线而言，误差略大。因为与产值型数据不同，对于行业就业数据，其并不必然表现出每期的绝对值和占比均呈现增长的态势。

表6－9也给出了本书所采用的三类劳动力在各行业中占比的基线模拟比较结果，整体来看，与统计数据中给出的结果较为接近。因此本书所构建的动态CGE模型，在经济总量和经济结构上均有相对较好的拟合结果，使得后续的政策模拟分析的效度和可信度得到了较好地保证。

表6－9　分行业三类劳动力占比基线模拟结果比较

年份	2010			2013			2016		
行业 \ 劳动力类型	农村	城镇	农民工	农村	城镇	农民工	农村	城镇	农民工
实际值									
农林牧渔业	98.3%	1.3%	0.4%	98.3%	1.2%	0.5%	98.2%	1.2%	0.5%
制造业	12.1%	34.7%	53.2%	12.4%	41.9%	45.7%	13.8%	40.8%	45.4%

续表

年份	2010			2013			2016		
行业\劳动力类型	农村	城镇	农民工	农村	城镇	农民工	农村	城镇	农民工
实际值									
电燃水业	0.0%	100.0%	0.0%	0.0%	100.0%	0.0%	0.0%	100.0%	0.0%
建筑业	3.9%	29.9%	66.2%	3.1%	36.4%	60.5%	4.5%	38.3%	57.2%
交通运输业	5.9%	34.2%	59.9%	6.8%	39.2%	54.0%	7.1%	39.1%	53.7%
批发和零售业	22.6%	51.5%	25.9%	20.6%	55.4%	24.0%	21.3%	57.9%	20.9%
住宿和餐饮	10.6%	34.7%	54.7%	11.6%	39.4%	49.0%	13.1%	46.8%	40.0%
居民服务和其他服务	6.6%	18.2%	75.2%	8.3%	22.9%	68.9%	9.2%	27.8%	63.0%
其他行业	1.8%	69.9%	28.4%	2.3%	69.4%	28.3%	4.0%	72.2%	23.9%
基线模拟									
农林牧渔业	98.3%	1.3%	0.4%	98.4%	1.3%	0.5%	98.3%	1.3%	0.6%
制造业	12.1%	34.7%	53.2%	12.5%	41.9%	45.7%	13.9%	40.9%	45.4%
电燃水业	0.0%	100.0%	0.0%	0.0%	100%	0.0%	0.1%	100.0%	0.1%
建筑业	3.9%	29.9%	66.2%	3.1%	36.4%	60.6%	4.6%	38.4%	57.3%
交通运输业	5.9%	34.2%	59.9%	6.9%	39.3%	54.0%	7.2%	39.2%	53.7%
批发和零售业	22.6%	51.5%	25.9%	20.7%	55.4%	24.0%	21.3%	57.9%	20.9%
住宿和餐饮	10.6%	34.7%	54.7%	11.6%	39.5%	49.1%	13.2%	46.9%	40.1%
居民服务和其他服务	6.6%	18.2%	75.2%	8.3%	23.0%	68.9%	9.3%	27.9%	63.1%
其他行业	1.8%	69.9%	28.4%	2.3%	69.4%	28.3%	4.0%	72.2%	23.9%

6.5　小　　结

在这一章中，本书对基于农民工就业的可计算一般均衡的设定进行了说明，并且基于调查数据，构建了能够用于分析农民工和城镇居民在行业就业中存在差异的社会核算矩阵，给出了符合这一特征的数据和模拟基线结果。

本章认为，可计算一般均衡模型通过对各类主体市场行为决策的优化设定，使得模型能够进行反馈调整和自发性决策，从而考察了在定量模拟不同政策实施力度条件下，行为主体的行为反应。当前关于农民工市民化效应分析的 CGE 模型是通过调整模型中的特定部门，在对不同劳动力类型进行区分的基础上进行的分析。

本章构建了适合于分析农民工就业和消费行为的 CGE 模型。在生产部门中区分了农业劳动力、城镇劳动力和农民工三类劳动力，将其复合为劳动投入，基于利润最大化条件，构建了企业的劳动力需求决策。在居民部门也相应地划分了三类居民（农村居民、城镇居民和农民工），探讨了不同类型居民在效用最大化下的最优消费决策和劳动供给决策。而在商品部门、就业行业等部门设定中，基于农民工消费数据和就业数据的可及性，对部门进行了合并。

在数据选择上，基于 2010 年的投入产出表，资金流量表，统计数据和农民工调查数据，本章构建了我国 2010 年的社会核算矩阵表，并以此作为模型评估的基础数据，对社会核算表进行了较为详细的说明，最后结合本章的研究重点，探讨了劳动账户细化的方法和细化的结果。

在完成模型设定和给定基础数据后，本章根据 2010—2016 年的相关统计数据和调查数据，对上述年份间的经济状况、行业产出、行业就业等利用模型进行基线模拟，结果证实本书所构建的动态 CGE 模型，在经济总量和经济结构上均有相对较好的拟合结果，可以较好地保证后文中政策模拟分析的效度和可信度。

第 7 章　新型城镇化下扩大农民工消费的效应分析

本章基于前文设定可计算一般均衡模型，定量测算新型城镇化进程中，不同政策措施对于农民工消费扩大的影响。基于前文的经验研究和定量分析，这一章主要定量考虑两种政策的影响：一是农民工市民化的假设对整个农民工消费扩大的影响，即在新型城镇化过程中，相关行业农民工的工资收入逐步与该行业平均水平的趋近，对整个农民工消费水平和全社会消费规模的影响。二是新型城镇化进程下，务工地政府保障农民工在教育、社会保障和医疗等方面的基本公共服务取得上需要承担的成本。

7.1　农民工市民化对农民工消费的扩大效应

在当前我国的新型城镇化进程中，城乡二元分割的户籍制度及其带来的制度分割造成我国人口城镇化与户籍城镇化不一致，农业转移人口的非农化与城镇化之间存在着分割。这一制度也使得长期以来，农民工只能在城市非正规行业以及生活服务业等低技能行业就业。这导致农民工的收入水平不仅较城镇平均水平要低，而且即使在同一行业内部，也要低于同行业的城镇就业人员平均工资水平。改善农民工的就业地位，特别是改变其在就业上面临的歧视，有助于农民工整体收入水平的提高。

在这一节，本书考察在新型城镇化过程中，通过户籍制度改革来推进农民工市民化，对农民工消费的促进作用。《国家新型城镇化规划（2014—2020年)》将以人的城镇化为核心，有序推进农业转移人口市民化作为指导思想。按照尊重意愿、自主选择、因地制宜、分步推进、存量优先、带动增量的原则，以农业转移人口为重点，统筹推进户籍制度改革和基本公共服务均等化的政策①，使符合条件的农业转移人口落户城镇。在具体目标上，《规划》提出在2020年实现常住人口城镇化率达到60%左右，户籍人口城镇化率达到45%左右的目标，努力实现1亿左右的农业转移人口和其他常住人口的落户问题。

2016年底，我国常住人口城镇化率达到57.35%，户籍人口城镇化率达到41.2%，全年进城落户人口为1600万人（国家发展改革委，2017）。按照规划中设置的目标，2017—2020年，我国常住人口城镇化率和户籍人口城镇化率还需要分别提高2.75个百分点和3.8个百分点。

根据《国家人口发展规划（2016—2030年）》，2020年我国人口总量预计将达到14.2亿人。结合上述城镇化率的目标，这意味着我国城镇常住人口和户籍人口到2020年至少应该分别增加6000万人和6900万人左右。基于这一设定以及国家发改委提出的2017年转户1300万人的基本要求，在2018—2020年，年均转户规模要达到1800万人左右，才能确保户籍人口城镇化率达到45%。

可以测算，若要在2020年确保户籍人口城镇化率达到43%—45%的条件，2018—2020年需要转换户籍的人数为950万—1800万人（每提高1个百分点，需要转户的人口规模需要增加1420万人）②。以2010年全国人口普查的户均人口3.1人、每户的夫妻均为农民工务工人员来推算，2018—2020年需要户籍转换的农民工要达到600万—1200万人。

基于该预测，本章对2020年不同户籍人口城镇化率水平下，农民工的就业、收入及其消费行为进行模拟。为减少相应的计算负担，本书采用凯恩斯闭合条件作为模型的闭合规则，给定2020年总的人口规模和劳动力总量变动分别为14.2亿人和9亿人。模型中的税率和对应的转移支付均为外生给定的常数，资本折旧率由第6章给出，技术进步率也为外生给定，根据近10年的平均值，设定为1.54%。假定居民的消费结构会随着收入水平的提高而逐步改进，最终消费率根据2010—2016年的变化率，假设到2020年将增加到61.5%。上章列出了农民工就业的行业类型及其在各行业中就业的占比变动情况。本章假设农民工转户为城镇户后，其在行业中就调整为城镇从业人员，其相应的平均工资水平也达到城镇从业人员的水平。

---

① 《国家新型城镇化规划（2014—2020年）》，http：//www.gov.cn/zhengce/2014-03/16/content_2640075.htm。

② 规划中确定的转户数量既包括农村转移人口，也包括其他常住人口的落户。在模型中，为便于分析，本章假设均为农民工转户为城镇户籍人口。

表7－1给出了三种户籍人口城镇化率下，模型所测算的农民工转化为城镇劳动力后不同行业的劳动力比例变动。在该表中基准情况为2020年三类劳动力的就业比重，其中三类劳动力的年均外生变动率是根据2010—2016年各行业的农民工转移人口、城镇从业人员和农村从业人员的年均就业变动。给定模型的估计结果，可以证实与2016年相比，2020年第三产业的就业占比达到50%，第一产业和第二产业的就业占比呈现持续小幅下降趋势，但是第一产业对于农村劳动力的吸纳基本不发生变化。而农民工和城镇居民的就业仍然主要集中在第二、三产业，尤其是第三产业内各行业就业增长较快。从本模型所模拟的短期效应来看，建筑业和制造业是第二产业中就业增幅最大的行业。这两个行业作为吸纳农民工就业的主要产业，其就业技能要求较低并能形成经验积累，在农民工户籍政策调整后的就业带动效应较为明显。在第三产业，从农民工就业较为集中的主要生活服务业来看，批发零售业和住宿餐饮业的就业增长较多。

表7－1第5—13列也分别给出在2020年户籍人口城镇化率达到43%—45%的情况下，农民工转户后和城镇从业人员的就业比例变动。而不同户籍人口城镇化率下的分行业劳动力的转变则由需要转移的劳动力人口数来推算，各行业的转移权重为模型所预测基准条件下2020年该行业农民工就业的比重来确定。

可以证实，受到农民工转户政策的影响和农民工就业的行业分布影响，居民服务业和建筑业将成为劳动力就业比重调整影响较大的行业，因为这两个行业的就业构成也以农民工为主，因此转换为城镇居民后，其在短期内转换行业就业的可能性并不会太大。

在本章的模型模拟中，农民工户籍政策变动产生影响的传导机制是由劳动力市场均衡条件决定的，农民工转户为市民的政策影响了城镇就业人员和农民工的劳动供给，使得两类劳动力的相对工资发生变动，进而影响到了劳动力市场就业情况，引发在新的劳动力条件下的市场出清。而在模型中，劳动力市场均衡条件的变更以及不同类型劳动力工资的变动，就要求资本收益率也相应地进行调整。在投资决定机制和资本积累的共同作用下，劳动和资本所生产的商品的价格也会发生改变，从而导致国内生产商品的价量调整。给定进口和出口的价格未发生变动，最终复合商品的价格因为国内生产商品价格的变化而相应地发生变化，从而影响消费价格、出口价格和中间投入品价格，导致消费、出口和固定资本投资的动态调整。最后，通过产品市场、要素市场等完成市场出清过程，经济体达到新的均衡。

表 7－1　不同户籍人口城镇化率指标下分行业就业占比变化

2020 年	基准情况				户籍人口城镇化率 43%			户籍人口城镇化率 44%			户籍人口城镇化率 45%		
	总就业	农村就业	城镇就业	农民工	城镇就业	农民工	变动率	城镇就业	农民工	变动率	城镇就业	农民工	变动率
农林牧渔业	20.4%	98.3%	1.2%	0.5%	1.3%	0.5%	0.1%	1.3%	0.4%	0.1%	1.3%	0.4%	0.1%
制造业	20.6%	13.5%	41.2%	45.2%	47.1%	39.3%	5.9%	49.2%	37.3%	7.9%	51.2%	35.3%	10.0%
电气水	0.4%	0.0%	100.0%	0.0%	100.0%	0.0%	0.0%	100.0%	0.0%	0.0%	100.0%	0.0%	0.0%
建筑业	11.9%	4.4%	38.5%	57.1%	46.0%	49.7%	7.4%	48.5%	47.1%	10.0%	51.1%	44.5%	12.6%
交通运输、仓储和邮政	3.7%	7.0%	39.9%	53.1%	46.8%	46.2%	6.9%	49.2%	43.8%	9.3%	51.6%	41.4%	11.7%
批发和零售业	19.9%	21.2%	57.7%	21.1%	60.4%	18.4%	2.7%	61.4%	17.4%	3.7%	62.3%	16.5%	4.6%
住宿和餐饮	5.1%	12.7%	47.6%	39.7%	52.7%	34.6%	5.2%	54.5%	32.8%	7.0%	56.3%	31.0%	8.7%
居民服务和其他服务	5.8%	8.7%	28.4%	62.9%	36.6%	54.7%	8.2%	39.4%	51.9%	11.0%	42.3%	49.0%	13.9%
其他行业	16.4%	3.7%	75.4%	21.0%	78.1%	18.2%	2.7%	79.0%	17.3%	3.7%	80.0%	16.3%	4.6%

注：基准情况为基于 2010—2016 年各行业的农民工转移人口、城镇从业人员和农村从业人员就业变动情况预测的 2020 年各行业分劳动力类型的就业占比情况。而不同户籍人口城镇化率下的分行业劳动力的转变则依据文中给出的需要转移的劳动力人口数，从农民工就业转态调整为城镇居民就业状态，各行业的转移权重为模型所预测基准条件下 2020 年该行业农民工就业的比重来确定。

给定所模拟的就业结构调整，市民化后的农民工的工资水平会上升。一方面，受到两类劳动力供给变动的影响，同一行业内的城镇就业人员和农民工间的平均收入差距缩小；另一方面，部分农民工转户为市民使得农民工的供给减少，增加了其在劳动力市场的竞争力，在一定程度上拉高了农民工的工资水平。表 7－2 显示，在基准情况下，如果不存在农民工的户籍调整政策，受到农民工增幅略高于城镇就业人员的影响，农民工的工资水平与城镇就业人员的工资的差距在逐步缩小，居民服务和其他服务业的差距缩小程度达到 2.6%，但是其他行业的缩减幅度有限，批发和零售业甚至出现两类劳动力的收入差异进一步扩大的趋势。模拟结果显示该行业两类劳动力之间的收入差异较 2016 年还要提高 1.1 个百分点。

而随着农民工转户政策的实施，两类劳动力之间的收入差异缩窄的速度在加快，所有行业均出现了农民工收入水平提高的现象①。并且随着转户规模的扩大，农民工的收入水平提高得更快。如果能够完成 45% 的户籍人口城镇化率目标，制造业农民工收入占城镇从业人员的比例将从基准模拟下的 65.6% 增加到 70.3%，提高约 4.7 个百分点。第三产业中居民服务业更是能够提高 5.8%，对于农民工整体收入水平的提升，城镇居民间收入不平等程度的减弱，具有积极作用。

表 7－2　　不同户籍人口城镇化率下农民工收入占城镇居民收入的比重

年份	2016	2020			
		基准	43%	44%	45%
制造业	65.2%	65.6%	68.6%	69.5%	70.3%
建筑业	85.0%	85.3%	87.4%	88.0%	88.5%
交通运输、仓储和邮政业	61.5%	61.9%	65.6%	66.7%	67.7%
批发和零售业	52.4%	51.3%	52.5%	52.9%	53.3%
住宿和餐饮业	79.4%	79.7%	81.3%	81.8%	82.3%
居民服务和其他服务业	71.9%	74.5%	79.0%	80.2%	81.3%
其他行业	48.6%	48.9%	49.8%	50.1%	50.4%

注：基于模型模拟结果测算。

在模型中，劳动力供给的调整以及就业人口的增加超过资本存量增幅，还

① 表中的农民工收入包含了转户为城镇就业人员的农民工收入增幅的部分和农民工在这一进程中的收入增幅。

会导致人均资本存量的减少。由于模型中的资本收益率由外生给定的技术参数和资本的边际生产力决定，人均资本存量的减少，必然会带来模型中资本收益率的上升，在资本积累效应的影响下带动了资本市场和劳动力市场共同增长。

给定农民工收入水平的上升以及转户为城镇居民的农民工的收入的更快增加，可以估算出在新型城镇化过程中，农民工市民化的政策对于农民工自身消费和对全社会城镇居民消费的影响。根据模型所测算的农民工和城镇居民的就业变动和收入变化以及两类劳动力的消费倾向和基准消费规模，表 7 – 3 给出了不同户籍人口城镇化率下农民工的整体消费水平变化情况。

在基准模型中，估算的农民工总消费将增加 6882 亿元，较 2016 年的农民工消费水平提高 18%，带动城镇居民消费水平较 2016 年提高 12.3%。而随着农民工市民化的推进，转户的规模越大，农民工消费额的增加就越多。在 45% 的户籍人口城镇化条件下，2020 年的农民工消费金额相较于 2016 年会增加 16169 亿元，带动的农民工消费增幅为 42.2%，也会对整个城镇居民消费增幅产生积极的刺激作用。

表 7 – 3　不同户籍人口城镇化率下农民工消费变化（2020 年）

	基准	户籍人口城镇化率		
		43%	44%	45%
农民工总消费变动（亿元）	6881.8	9397.4	12533.9	16168.8
农民工消费增幅（%）	18.0%	24.5%	32.7%	42.2%
全部城镇居民消费增幅（%）	12.3%	18.4%	27.7%	29.3%

注：增幅为模型测算的结果与 2016 年实际值的比较。

7.2　户籍人口城镇化下的基本公共服务均等化成本①

在这一节，本书考察在新型城镇化过程中，为完成上述农民工市民化的进程，农民工务工地政府完善其基本公共服务均等化所需的成本。上节的分析表明，农民工转户为市民并落户城镇，能够改善他们的就业环境、提高其收入水

① 本节关于武汉市农业转移人口基本公共服务成本的测算由陈思霞提供。

平，并且增加农民工的消费能力，进而提高城镇居民的整体消费规模。而进一步推动落户的农民工能够获得城镇的基本公共服务，缓解农民工在消费中面临的不确定性，能够更好地激发其消费意愿。

正如本书第3章中所分析的，在影响农民工消费意愿的非收入因素中，最为主要的是农民工所面临的社会保障缺失和城镇中存在的差异性的公共服务提供。农民工所能获取的基本公共服务的缺失，不仅会减弱农民工的消费意愿，也会降低农民工在城市中的就业激励，导致其在生命周期的较早阶段就选择退出城市劳动力市场（樊纲，2011）。人力资本的积累受到了限制，影响了农民工收入水平的提高，使得整个消费总量的增长进一步因为农民工的整体收入而受到约束。

从现有研究来看，影响农民工消费的基本公共服务包括子女教育、社会保障、住房等。推进基本公共服务均等化，就需要推进农民工落户的城镇分担农民工在落户后的子女教育、基本社会保障（包括基本医疗保障、基本养老保险等）以及住房等方面的成本。

在模型分析中，对于公共服务基本化的推进，其实质是增加政府部门对三类居民的支出项，特别是对农民工的支出项。因此首先需要估算三类基本公共服务的成本。从当前关于农民工市民化成本的估算结果来看，受所确定的基本公共服务类型、所期望达到的市民化程度以及所测算年份的成本计价选取等因素的影响，不同研究给出的估计值差异较大，从早期的年均1.5万元/人（中国可持续发展战略报告，2005）到12.9万元/人（国家统计局，2013）。本节以武汉市为例，对上述三项公共服务政策所需成本进行估计，再根据模型所测算的农民工落户的比例，计算政府需要承担的成本。选择武汉市进行成本估算的原因在于，作为中部地区的城市，其公共服务提供成本在三类地区中处于平均水平。而武汉市自身的城市规模和农民工吸纳能力，也处于直辖市和省会城市公共服务提供成本的平均水平。

7.2.1　义务教育成本

我国在中小学阶段实行九年义务教育政策，教育经费主要由各级财政负担，其中对农村义务教育的经费各地区有明确的分担标准，但对城市的义务教育经费没有系统的中央负担比例。有些地方中央负担得比例高一些，有些地方负担得低一些，为简单起见，本章先假设农业转移人口市民化所产生的义务教育全部由城市财政负担，由于中央和省财政分别投入，实际的市民化成本会低于计算结果。

国家对义务教育经费的投入包括教师工资、学杂费、教科书费用、公用经费、教学设施、校舍小修等各项费用支出，具体可用生均事业费来表示，其中小学和中学阶段的生均事业费有所差别。2017年武汉市财政支出中教育事业经费支出总额为268亿元①。根据2017年武汉市教育局最新颁布的生均公用经费标准，小学阶段生均公用经费为900元/年，中学阶段为1100元/年②。但是由于公用经费不包括教师工资，本书将教育事业经费减除掉教育公用经费，再将剩余教育人员经费资金在中、小学在校生中进行分摊，最后加总得到普通小学和普通中学生均教育经费。通过倒推计算，武汉市新增一小学生生均教育事业经费是16945元/人·年，新增一初中生生均教育事业经费是19145元/人·年。

在大中城市，特别是农民工落户较多的城市由于教育资源有限，随着儿童增加需要相应新建学校，这是一项重要的新增教育支出。

2017年武汉市义务教育校舍投资建设经费为274093万元③，假定增加受教育儿童需要增加相同比例的校舍，则新建一学校总投资额为286万元。2017年武汉市每一小学平均可容纳学生数为718人。如果农民工随迁子女人数完全市民化，最多需要新建校舍1133所，一共需要投资324038万元。由于校舍建设投资作为一项固定资产，具有持续使用性和规模效应特征，新建校舍后每年都可以接纳相同数量的适龄儿童入学，因此该费用将随着农业转移人口市民化的推进逐步下降。在教育成本上，假设农民工落户家庭的子女全部完成小学和初中阶段义务教育，据此计算一共需要投资3867811万元。每新增一农民工落户人口需要增加的义务教育成本是10510元/人。

7.2.2 基本社会保障支出

目前我国各地实行的居民养老保险大体可以分为几类：一是职工基本养老保险（不考虑公务员和事业单位养老制度），二是城乡居民社会养老保险。落户

① 数据来源于武汉市财政局。
② 数据来源于武汉市教育局网站。
③ 数据来源于武汉市财政局。

农民工参加职工基本养老保险，则当前政府并不需要增加成本，还可以增加社会统筹部分的基金。但在目前的养老金制度下，政府在职工退休开始领取养老金以后，很可能需要进行补贴。补贴主要是由于三个方面的原因：一是员工寿命大于预期寿命，例如目前的制度是按 60 岁退休，预期寿命为 75 岁计算的，但居民预期寿命可能会有所提高。二是养老金水平提高，需要政府补贴。随着经济发展，养老金水平往往需要在原有基础上提高，这样原来的基金可能不够。三是统筹账户基金可能不足以支付基础养老金，目前的设计统筹部分是按照企业缴费 20% 计算的，当企业缴费率小于 20% 时，养老金将产生缺口。

本书假设利率为 2.25%，农民工工作年平均工资增长率为 4%，养老保险计数基数占工资比重为 60%。按照新办法计算养老金，计算方法如下：

基础养老金 =（退休时上年度在岗职工月平均工资 + 退休时上年度在岗职工月平均工资 × 平均指数）/2 × 缴费年限 × 1%　　(5)

个人账户养老金 = 个人账户储存额/计发月数（50 岁为 195，55 岁为 170，60 为 139）　　(6)

过渡性养老金 = 退休时上年度在岗职工月平均工资 × 实行个人账户前的缴费年限 × 1.3% × 平均指数　　(7)

表 7-4　农民工养老金缴纳和发放情况

年龄	月工资	个人账户	社会统筹账户	平均职工工资
29	1866	149.28	373.20	4078.50
30	1940.64	155.25	388.13	4333.41
31	2018.27	161.46	403.65	4604.24
32	2099	167.92	419.80	4892.01
33	2182.96	174.64	436.59	5197.76
34	2270.28	181.62	454.06	5522.62
35	2361.09	188.89	472.22	5867.78
36	2455.53	196.44	491.11	6234.52
37	2553.75	204.30	510.75	6624.18
38	2655.9	212.47	531.18	7038.19
39	2762.14	220.97	552.43	7478.08
40	2817.38	225.39	563.48	7945.46
41	2930.08	234.41	586.02	8442.05

续表

年龄	月工资	个人账户	社会统筹账户	平均职工工资
42	3047.28	243.78	609.46	8969.67
43	3169.17	253.53	633.83	9530.28
44	3295.94	263.68	659.19	10125.92
45	3427.78	274.22	685.56	10758.79
46	3496.34	279.71	699.27	11431.22
47	3566.27	285.30	713.25	12145.67
48	3637.6	291.01	727.52	12904.77
49	3710.352	296.83	742.07	13711.32
50	3784.559	302.76	756.91	14568.28
51	3860.25	308.82	772.05	15478.79
52	3937.455	315.00	787.49	16446.22
53	4016.204	321.30	803.24	17474.11
54	4096.528	327.72	819.31	18566.24
55	4178.459	334.28	835.69	19726.63
合计		78852 元/年		基础养老金
	56700 元/年	464 元/月		4261 元/月

按照城镇基本养老金计算方法，每新增一个适龄农民在其退休之后政府每年需要支出 56700 元①，按照武汉市 242 万农民工推算，大约需要养老金支出 13721400 万元。

对社保成本的计算还需要考虑随迁子女未来养老金支出总额。对于农民工随迁子女而言，未来养老金支出与农民工计算方法相同，只是养老金计算基础不同。由于新一代农民工随迁子女一般能享受到较为平等的教育，其在 20 岁之前都处于接受教育、不产生收入的阶段；而一旦参加工作则享受的是城镇职工养老保险待遇，因此农民工随迁子女不产生新增养老金。最后计算得到每新增一标准农民工转移人口所需养老金支出为 37803 元/人。

① 这里，我们按照拥有的农民工 60 岁退休，寿命为 75 岁的平均预期寿命计算得到。

7.2.3　基本医疗保障成本

参加城镇企业职工医疗保险的农业转移人口或本地职工，一般由单位和个人按照工资的 8% 比例提取保险基金，政府没有补助，因此不需增加成本。目前外来人口和城镇户籍人口在基本医疗保险和补充医疗保险方面的差异已经基本消除，主要差距在于微小的补充医疗保险。值得注意的是，各地方在基本养老保险之外，有些地方为提高保障水平推出了一些新的保障项目，对于补充医疗保险和城乡居民基本医疗保险政府都需要进行补助。根据《湖北省整合城乡居民基本医疗保险制度工作方案》的要求，武汉市合并了城镇居民医保和新农合，补助标准为 450 元/人。每新增一标准化农民工人口基本医疗保险新增成本是 165 元/人。

7.2.4　保障性住房支出

满足转移人口的居住需求是实现市民化的重要条件，由于农民工收入水平较低，政府有必要为其中的低收入者提供一定的保障性住房。本书假设对 10% 的落户农民工家庭提供廉租房，按每人 20 平方米，保障性住房的建设成本 3000 元/平方米来计算保障性住房的支出，计算的人均每年保障性住房支出为 12000 元。根据武汉市房管局最新规定，武汉 7 个中心城区和东湖风景区，2017 年政府类及商品房配建公租房的租金补贴面积标准为 16 平方米。武汉公租房租金补贴金额，主要由月人均补贴标准和补贴面积两大块组成。计算公式为：补贴金额 = 人均补贴标准 × 人均待补贴面积 × 保障人数。以三口之家（无房户），租住惠民居公租房为例，若人均收入在最低生活保障标准下，补贴金额 = 12 × 16 × 3 = 576（元）。如果按照 10% 的转移人口比例需要保障住房补贴的情形，新增加一个农民工落户需要增加的住房成本为 12192 元。

7.2.5　基本公共服务成本测算

由此，本书可以得到在不同户籍人口城镇化率下，农民工落户地政府需要增加的基本公共服务成本。表 7 – 5 列出了上述基本公共服务的所需成本。在给定2020年户籍人口城镇化率达到43%的情况下，对新增户籍人口的上述四项基本公共服务就需要2.5万亿元的财政投入。在户籍人口城镇化率达到45%的条件下，这一支出金额将上升到4.2万亿元。

7.3 小　结

本章考察在新型城镇化过程中，通过户籍制度改革来推进农民工市民化，对农民工消费的促进作用。基于我国对2020年的新型城镇化的规划和人口规模的预测，本章对2020年实现不同户籍人口城镇化率水平下，农民工的就业、收入及其消费行为进行模拟。

表7-5　户籍人口城镇化下的基本公共服务成本测算　单位：元/人·年

项目	标准化农民工市民化成本（元/人）	户籍人口城镇化率（亿元）		
		43%	44%	45%
子女义务教育	10510	4301	5793	7286
基本社会保障	37803	15469	20837	26205
基本医疗保险	165	68	91	114
保障性住房	12192	4989	6720	8451
合计	60670	24826	33441	42056

注：除基本社会保障支出外，其余三项公共服务的成本测算均未考虑通货膨胀和物价因素。

模型测算了农民工转化为城镇劳动力后不同行业的劳动力比例变动，证实与2016年相比，2020年后农民工第三产业的就业占比将达到50%，第一产业和第二产业的就业占比呈现持续小幅下降趋势。从短期内来看，建筑业、批发零售业和住宿餐饮业将是吸纳市民化后的农民工就业的主要产业，这类行业就业技能要求较低并能快速形成经验积累，在农民工户籍政策调整后的就业带动效应较为明显。

随着就业结构的调整，市民化后的农民工的工资水平会上升。同一行业内的城镇就业人员和农民工间的平均收入差距缩小，农民工整体的工资水平会被拉高。模拟结果表明，在部分生活服务业，城镇就业人员和农民工的收入差距将有较为明显的缩窄，农民工的工资能够在正常增幅基础上提高5.8%左右。

由此，本书估算出在新型城镇化过程中，农民工市民化的政策对于农民工总消费和对全社会城镇居民消费的影响。在户籍人口城镇化率达到国家规划要求的情况下，2020 年的农民工消费金额相较于 2016 年会增加 16169 亿元，带动的农民工消费增幅为 42.2%，从而会对整个城镇居民消费增幅产生积极的刺激作用。而为真正落实户籍人口的城镇基本公共服务待遇，仅义务教育、基本社会保障、基本医疗保险和保障性住房支出这四项就需要地方政府在未来四年增加财政投入 4.2 万亿元。

参考文献

［1］白南生，宋洪远．回乡，还是进城？［M］．北京：中国财政经济出版社，2002．

［2］蔡昉．中国人口流动方式与途径（1990—1999年）［M］．北京：社会科学文献出版社，2001．

［3］常韬，许萍，张立军．城市农民工生活质量现状调查与分析——基于2012年全国20个省区市的样本［J］．调研世界，2013（10）．

［4］陈良彪，张晓辉．最新报告：2002年农村劳动力外出就业超过9400万人［J］．北京农业职业学院学报，2003（1）．

［5］陈建贤，傅晶蔚．广东省六县（区）农民工调查报告［J］．现代乡镇，2005（4）．

［6］陈民恳．金融危机下农民工就业影响因素的实证分析——基于宁波市外来人口的就业调查［J］．统计与信息论坛，2009，24（11）．

［7］重庆市农村社会经济调研队．外出民工道甘苦——对重庆农民外出务工状况的调查［J］．调研世界，2001（10）．

［8］城市化进程中的农民工问题课题组．珠江三角洲农民工调查报告（2006）［J］．珠江经济，2006（8）．

［9］褚荣伟，张晓冬．中国农民工消费市场解读——金字塔底层的财富［J］．经济理论与经济管理，2011（7）：34－46．

［10］丁浩．就业稳定性、住房可及性与农民工家庭消费［J］．消费经济，2018，34（1）：11－18．

［11］董昕，张翼．农民工住房消费的影响因素分析［J］．中国农村经济，2012（10）：37－48．

［12］杜鹰，白南生．走出乡村——中国农村劳动力流动实证研究［M］．北京：经济科学出版社，1997．

［13］冯桂林，李淋．我国当代农民工的消费行为研究［J］．江汉论坛，

1997（4）：74－78.

［14］高文书．进城农民工就业状况及收入影响因素分析——以北京、石家庄、沈阳、无锡和东莞为例［J］．中国农村经济，2006（1）.

［15］国家统计局．城市农民工生活与教育状况——城市农民工生活质量状况调查报告之二［R］.2006.

［16］国务院发展研究中心课题组．农民工市民化对扩大内需和经济增长的影响［J］．经济研究，2010（6）.

［17］国家统计局农村社会经济调查司.2006年全国外出务工劳动力继续增加［J］．调研世界，2007（4）.

［18］国家统计局农村社会经济调查司.2008年中国农村住户调查年鉴［M］．北京：中国统计出版社，2008.

［19］国家统计局农村社会经济调查司.2009年中国农村住户调查年鉴［M］．北京：中国统计出版社，2009.

［20］国家统计局农村司.2009年农民工监测调查报告［R/OL］.2010. http：//www. stats. gov. cn/ztjc/ztfx/fxbg/201003/t20100319_16135. html.

［21］国家统计局农村司.2010年农民工监测调查报告［R］//2011中国发展报告，2011：99－105.

［22］国家统计局.2011年我国农民工调查监测报告［R/OL］．2012. http：//www. stats. gov. cn/ztjc/ztfx/fxbg/201204/t20120427_16154. html.

［23］国家统计局.2012年我国农民工调查监测报告［R/OL］．2013. http：//www. stats. gov. cn/tjsj/zxfb/201305/t20130527_12978. html.

［24］国家统计局.2013年我国农民工调查监测报告［R/OL］．2014. http：//www. stats. gov. cn/tjsj/zxfb/201504/t20150429_797821. html.

［25］国家统计局.2014年我国农民工调查监测报告［R/OL］．2015. http：//www. stats. gov. cn/tjsj/zxfb/201504/t20150429_797821. html.

［26］国家统计局.2015年我国农民工调查监测报告［R/OL］．2016. http：//www. stats. gov. cn/tjsj/zxfb/201604/t20160428_1349713. html.

［27］国家统计局农村司.2016年我国农民工调查监测报告［R/OL］．2017. http：//www. stats. gov. cn/tjsj/zxfb/201704/t20170428_1489334. html.

［28］国家统计局农村司.2017年我国农民工调查监测报告［R/OL］．2018. http：//www. stats. gov. cn/tjsj/zxfb/201804/t20180427_1596389. html.

[29] 广东省农村社会经济调研队．是“民工紧”不是“民工荒”——对广东省民工供求状况的调查 [J]．调研世界，2004 (10)．

[30] 黄乾．两种就业类型农民工工资收入差距的比较研究 [J]．财经问题研究，2009 (6)．

[31] 黄祖辉，刘雅萍．农民工就业代际差异研究——基于杭州市浙江籍农民工就业状况调查 [J]．农业经济问题，2008 (10)．

[32] 胡秋阳．农民工市民化对地方经济的影响——基于浙江 CGE 模型的模拟分析 [J]．管理世界，2012 (3)．

[33] 江文胜．农村劳动力外出就业情况 [M]//中国农业年鉴 2004．北京：中国农业出版社，2004.

[34] 江文胜．农村劳动力外出就业 [M]//中国农业年鉴 2006．北京：中国农业出版社，2006.

[35] 江文胜．农村劳动力外出就业 [M]//中国农业年鉴 2007．北京：中国农业出版社，2007.

[36] 蒋远胜，申志伟．建立农民工医疗保障的两难困境与对策——基于四川省成都市五城区农民工的调查分析 [J]．农村经济，2008 (1)．

[37] 简新华，黄锟．中国农民工最新生存状况研究——基于 765 名农民工调查数据的分析 [J]．人口研究，2007 (6)．

[38] 纪江明，陈振营，赵毅．新生代农民工“二元化”消费方式与身份认同研究——基于 2010 年上海市外来农民工的调查 [J]．人口与发展，2013，19 (2)：2-9.

[39] 寇荣，李鹏，谭向勇．农民工收入分配的影响因素分析——基于对粮食主产区的调查 [J]．农业经济问题，2007 (9)．

[40] 孔祥利，粟娟．我国农民工消费影响因素分析——基于全国 28 省区 1860 个样本调查数据 [J]．陕西师范大学学报（哲学社会科学版），2013，42 (1)：24-33.

[41] 劳动和社会保障部专题调研组．农村外出务工人员 2006 年就业情况和企业 2007 年春季用工需求调查分析 [R]．

[42] 刘林平，张春泥．农民工工资：人力资本、社会资本、企业制度还是社会环境？——珠江三角洲农民工工资的决定模型 [J]．社会学研究，2007 (6)．

［43］刘传江．新生代农民工的特点、挑战与市民化［J］．人口研究，2010，34（2）：34－39＋55－56.

［44］刘靖．农民工家庭迁移模式与消费支出研究——来自北京市的调查证据［J］．江汉论坛，2013（7）：98－103.

［45］柳建平，张永丽．劳动力流动对贫困地区农村经济的影响——基于甘肃10个贫困村调查资料的分析［J］．中国农村观察，2009（3）.

［46］李实，杨修娜．农民工工资的性别差异及其影响因素［J］．经济社会体制比较，2010（5）.

［47］李晓峰，王晓方，高旺盛．基于ELES模型的北京市农民工消费结构实证研究［J］．农业经济问题，2008（4）.

［48］李凯，曹广忠．农民工家庭城乡消费决策的影响因素——基于东部9城市抽样调查数据的分析［J］．人口与发展，2012，18（5）：91－98.

［49］李强．中国外出农民工及其汇款之研究［J］．社会学研究，2001（4）：64－76.

［50］李晓峰，王晓方，高旺盛．基于ELES模型的北京市农民工消费结构实证研究［J］．农业经济问题，2008（4）：50－55＋109.

［51］吕炜，番绍立，樊静丽，高飞．我国农民工市民化政策对城乡收入差距影响的市政研究——基于CGE模型的模拟分析［J］．管理世界.

［52］冷雄辉，易娜．新生代农民工消费行为研究——基于江西省的调查［J］．江西农业大学学报（社会科学版），2012，11（3）：62－66.

［53］明娟，曾湘泉．农民工家庭与城镇住户消费行为差异分析——来自中国城乡劳动力流动调查的证据［J］．中南财经政法大学学报，2014（4）：3－9＋158.

［54］农业部产业政策与法规司．农村劳动力结构现状［M］//中国农业年鉴2010. 北京：中国农业出版社，2010.

［55］农民工城市贫困项目课题组．农民工生活状况、工资水平及公共服务：对北京、广州、南京、兰州的调查［J］．改革，2008（7）.

［56］农民工城市贫困项目课题组，李善同．农民工生活状况、工资水平及公共服务：对北京、广州、南京、兰州的调查［J］．改革，2008（7）：84－98.

［57］农民流动与乡村发展课题组．农民工回流与乡村发展——对山东省桓台县10村737名回乡农民工的调查［J］．中国农村经济，1999（10）.

[58] 农村剩余劳动力转移与劳动力市场课题组.28个县（市）农村劳动力跨区域流动的调查研究［J］.中国农村经济，1995（4）.

[59] 欧阳力胜.进城农民工消费行为与消费方式探析——湘潭市进城农民工消费的调查与分析［J］.经济与管理，2006（4）：38-40.

[60] 潘冬青，樊丽淑，胡松华，孙家良.我国农民工政策的效应分析——以浙江省宁波地区为例［J］.农村经济，2008（2）.

[61] 齐同现.河南“民工潮”的现状［J］.中国农村观察，1995（2）.

[62] 钱文荣，李宝值.不确定性视角下农民工消费影响因素分析——基于全国2679个农民工的调查数据［J］.中国农村经济，2013（11）：57-71.

[63] 钱雪飞.进城农民工消费的实证研究——南京市578名农民工的调查与分析［J］.南京社会科学，2003（9）：89-96.

[64] 唐有财.新生代农民工消费研究［J］.学习与实践，2009（12）：102-107.

[65] 田丰.城市工人与农民工的收入差距研究［J］.社会学研究，2010（2）.

[66] 涂玉华.不同群体社保权益公平性问题研究——以河南省郑州市农民工与城市工人生存状况的比较为例［J］.经济问题探索，2009（2）.

[67] 万向东，刘林平.流动、打工、生活与外来工权益状况［J］.珠江经济，2007（4）.

[68] 汪润泉，赵彤.就业类型、职工养老保险与农民工城市消费［J］.农业技术经济，2018（2）：77-88.

[69] 王曼.北京农民工消费与储蓄选择——基于实证基础上的理论研究［J］.北京工商大学学报（社会科学版），2005（6）：78-82.

[70] 王艳萍.新生代农民工消费行为研究——以山西省太原市为例［J］.生产力研究，2018（4）：48-52.

[71] 王文信，徐云.农民工就业影响因素分析——对安徽阜阳农村的调查［J］.农业经济问题，2008（1）.

[72] 王德文，蔡昉，张国庆.农业迁徙劳动力就业与工资决定：教育与培训的重要性［J］.经济学（季刊），2008，7（4）.

[73] 王子，叶静怡.农民工工作经验和工资相互关系的人力资本理论解释——基于北京市农民工样本的研究［J］.经济科学，2009（1）.

［74］吴琦，肖皓，赖明勇．农民工市民化的红利效应与中国经济增长的可持续性——基于动态 CGE 的模拟分析［J］．财经研究，2015（4）．

［75］吴祁．新生代农民工消费行为实证研究——以南通市为例［J］．南京人口管理干部学院学报，2012，28（3）：23－28．

［76］吴维平，王汉生．寄居大都市：京沪两地流动人口住房现状分析［J］．社会学研究，2002（3）：92－110．

［77］吴文峰，王建琼．农民工储蓄与消费动因及效应实证分析［J］．西南交通大学学报（社会科学版），2013，14（4）：102－105＋133．

［78］谢勇．最低工资制度在农民工就业中的落实情况及影响因素研究［J］．经济管理，2010（3）．

［79］徐志旻．进城农民工家庭消费行为研究——以福州市区为例［D］．［硕士学位论文］．福州大学，2004．

［80］袁亚愚．中国农民的社会流动［M］．成都：四川大学出版社，1994．

［81］姚俊．流动就业类型与农民工工资收入——来自长三角制造业的经验数据［J］．中国农村经济，2010（11）．

［82］严翅君．长三角城市农民工消费方式的转型——对长三角江苏八城市农民工消费的调查研究［J］．江苏社会科学，2007（3）：224－30．

［83］翟燕立．中国农村劳动力就业与流动状况调查分析报告［J］．中国劳动科学，1996（1）．

［84］张晓辉，陈良彪，武志刚，马国中．农村劳动力跨区域流动中性别因素的影响［J］．调研世界，1997（2）：41－44．

［85］张合成，刘增胜．农村劳动力与就业［M］//中国农业年鉴 2008．北京：中国农业出版社，2008．

［86］张合成，刘增胜．农村劳动力与就业［M］//中国农业年鉴 2009．北京：中国农业出版社，2009．

［87］张晶．趋同与差异：合法性机制下的消费转变——基于北京地区青年女性农民工消费的实证研究［J］．中国青年研究，2010（6）：58－63＋39．

［88］张兴华．民工消费的经济分析及其启示［J］．中国农村经济，1999（3）：52－57．

［89］张咏梅，肖敏霞．农民工的生活与消费——对兰州市进城务工人员的调查分析［J］．西北人口，2008（5）：88－92＋97．

［90］张小建，周其仁．中国农村劳动力就业与流动研究报告［M］．北京：中国劳动出版社，1999.

［91］张兴华．民工消费的经济分析及其启示［J］．中国农村经济，1999（3）．

［92］中国人民银行调查统计司课题组．关于农民工劳动力价格水平监测的报告［J］．中国金融，2008（3）．

［93］中国社会科学院农村发展研究所，国家统计局农村社会统计司．1992年中国农村经济发展年度报告——兼析1993年发展趋势［M］．北京：中国社会科学出版社，1993.

［94］中国社会科学院农村发展研究所，国家统计局农村社会经济统计司．1993年中国农村经济发展年度报告——兼析1994年发展趋势［M］．北京：中国社会科学出版社，1994.

［95］章元，等．社会网络与工资水平——基于农民工样本的实证分析［J］．世界经济文汇，2008（6）．

［96］周符波．劳务经济：农民增收的主渠道——湖南省邵阳县农村劳务经济发展的现状与问题［J］．调研世界，2003（7）．

［97］周林刚．地位结构、制度身份与农民工集体消费——基于深圳市的实证分析［J］．中国人口科学，2007（4）：88－94＋96.

［98］Acemoglu，D. & V. Guerrieri，Capital Deepening and Non－Balanced Economic Growth［J］. Journal of Political Economy，2008，116（3）：467－498.

［99］Baumol，W，J，Macroeconomics of unbalanced growth：the anatomy of urban crisis［J］. American Economic Review，1967，57（1）：415－426.

［100］Blundell，R，Xiaohong Chen & D，Kristensen，Semi－Nonparametric IV Estimation of Shape－Invariant Engel Curves［J］. Econometrica，2007，75（6）：1613－1669.

［101］Bonatti，Luigi & Giulia Felice，Endogenous Growth and Changing Sectoral Composition in Advanced Economics［J］. Structural Change and Economic Dynamics，2008，19（1）：109－131.

［102］Buera，F，& J，Kaboski，The Rise of the Service Economy，Working Paper，Northwest University，2007.

［103］Buera，F，& J，Kaboski，Scale and Origins of Structural Change，

Working Paper, Northwest University, 2008a.

[104] Buera, F, & J, Kaboski, Can Traditional Theories of Structural Change Fit the Data, Working Paper, presented at the 2008 Congress of the EEA, Milan, Italy, 2008b.

[105] De Janvry, A, and E, Sadoulet, Social articulation as a condition for equitable growth [J]. Journal of Development Economics, 1983, 13: 75 -303.

[106] Echevarria, C, Changes in sectoral composition associated with economic growth [J]. International Economic Review, 1997, 38 (2): 431 -452.

[107] Falkinger J, and J, Zweimuller, The cross - country Engel curve for product diversification [J]. Structural Change and Economic Dynamics, 1996, 7: 79 -97.

[108] Falkinger J, and J, Zweimuller, The impact of income inequality on product diversity and economic growth [J]. Metroeconomica, 1997, 48 (3): 211 -237.

[109] Fieler, Ana C, Non - Homotheticity and Bilateral Trade: Evidence and a Quantitative Explanation, mimeo, New York University, 2007.

[110] Foellmi, R, & J, Zweimuller, Structural Change, Engel's Consumption Cycles, and Kaldor's Facts of Economic Growth [J]. forthcoming Journal of Monetary Economics, 2007.

[111] Hansen, G, & E, C, Prescott, Malthus to Solow [J]. American Economic Review, 2002, 92 (4): 1205 -1217.

[112] Gollin, Douglas, Stephen Parente and Richard Rogerson (2002), The Role of Agriculture in Development [J]. American Economic Review, 2002, 92 (2): 160 -164.

[113] Kaboski, Joseph, Education, Sectoral Composition, and Growth, Review of Economic Dynamics, forthcoming, 2008.

[114] Kazuhiro, Yuki, Sectoral Shift, Wealth Distribution, and Development, Macroeconomic Dynamics, 2008, 12 (4): 527 -559.

[115] Kongsamut, P, Rebelo, S, and Danyang, Xie, Beyond balanced growth, Review of Economic Studies, 2001, 68 (3): 869 -882.

[116] Kruger, Jens J, Productivity and Structural Change: A Review of the Literature, Journal of Economic Surveys, 2008, 22 (2): 330 -363.

[117] Laitner, J, Structural change and economic growth, Review of Economic Studies, 2000, 67 (2): 545 - 561.

[118] Matsuyama, K, Agricultural productivity, comparative advantage, and economic growth, Journal of Economic Theory, 1992, 58 (2): 317 - 334.

[119] Matsuyama, K, The Rise of Mass Consumption Societies, Journal of Political Economy, 2002, 110 (5): 1035 - 1070.

[120] Matsuyama, K, Structural Change, in L, Blume and S, Durlauf, eds, the New Palgrave Dictionary of Economics, 2nd Edition, Macmillan, 2008a.

[121] Matsuyama, K, Structural Change in an Interdependent World: A Global View of Manufacturing Decline, presented at the 2008 Congress of the EEA, Milan, Italy, 2008b.

[122] Meckl, J, Structural change and generalized balanced growth, Journal of Economics, 2002, 77 (3): 241 - 266.

[123] Ngai, R, & C, Pissarides, Structural change in a multi - sector model of growth, American Economic Review, 2007, 97 (1): 429 - 443.

[124] Ngai, L, Rachel & Christopher A, Pissarides, Trends in Hours and Economic Growth, Review of Economic Dynamics, 2008, 11 (1): 239 - 256.

[125] Rogerson, R, Structural Transformation and the Deterioriation of European Labor Market Outcomes, Journal of Political Economy, 2008, 116 (2): 235 - 259.

[126] Silva, Ester G, & Aurora A, C, Teixeira, Surveying Structural Change: Seminal Contributions and a Bibliometric Account, Structural Change and Economic Dynamics, Forthcoming, 2008.

[127] Stijepic, Denis & Helmut Wagner, Beyond Balanced Growth: Some Further Results, Discussion Paper No, 409, Department of Economics, University of Hagen, 2007.

[128] Zuleta, Hernando & Andrew T, Young, Labor's Shares - Aggregate and Industry: Accounting for both in a model of unbalanced growth with induced innovation, 2007.